«Jack Graham hace que brille una celeste luz escritural sobre el misterioso tema de los ángeles como instrumentos usados en la mano de Dios. Aunque nunca tendrán la salvación ofrecida a todas las personas por el propio Jesús, son empleados para llevar a cabo su plan de redención (Hebreos 1:14). Nunca sabremos el impacto completo de su presencia entre nosotros, pero un vistazo a los relatos que Jack expresa reforzará nuestra fe en Dios. Cuando el tiempo en la tierra se acerque a su fin, Dios usará un ángel para difundir el glorioso evangelio una vez más: "Vi volar por en medio del cielo a otro ángel, que tenía el evangelio eterno para predicarlo a los moradores de la tierra, a toda nación, tribu, lengua y pueblo, diciendo a gran voz: Temed a Dios, y dadle gloria"» (Apocalipsis 14:6-7). Cuando leas *Ángeles*, recuerda que Dios nos ha dado todo consuelo y cada promesa para su gloria».

—FRANKLIN GRAHAM, presidente ejecutivo de la
Asociación Evangelística Billy Graham y de Samaritan's Purse

«Considero que Jack Graham es una voz clave para la iglesia en esta época turbulenta. Su compromiso con Cristo es inquebrantable, su clara enseñanza es inspiradora y su liderazgo es urgentemente necesario. Este libro es otro valioso aporte de un santo amado».

—MAX LUCADO, pastor y escritor de best sellers,
autor de *Sobre el yunque, El regalo para todas las personas*

«Leo todo lo que Jack Graham escribe porque es un amante de la Palabra de Dios y sabe cómo comunicarla con integridad y contundencia. Cuando leas *Ángeles*, su nuevo libro, verás el mundo que te rodea de manera diferente y sentirás una mayor conexión con el ámbito invisible».

—Dr. JAMES MACDONALD, pastor principal de
Harvest Bible Chapel y autor de *¡Señor, ayúdame a cambiar!*
y *Sea auténtico*

T0262643

«Este libro es un clásico Jack Graham: gran enseñanza bíblica, historias maravillosas y excelentes aplicaciones para los lectores».

—CHRISTINE CAINE, autora de *Undaunted* y fundadora de The A21 Campaign

«Jack Graham lo hizo de nuevo. El modo en que trata el tema de los ángeles hará que pases de la confusión a la curiosidad y, además, a la claridad. Por medio de historias convincentes, aprenderás mucho acerca de los ángeles... pero esta vez desde una perspectiva bíblica. Después que leas *Ángeles*, te garantizo que estarás atento a ellos».

—DAVE STONE, pastor de Southeast Christian Church, Louisville, Kentucky

QUIÉNES SON, QUÉ HACEN
Y POR QUÉ IMPORTAN

ÁNGELES

JACK GRAHAM

NⅢ

Para vivir la Palabra

Para vivir la Palabra

Publicado por:

N

Editorial Nivel Uno, Inc.
3838 Crestwood Circle
Weston, Fl 33331
www.editorialniveluno.com

©2017 Derechos reservados

ISBN: 978-1-941538-29-6

Desarrollo editorial: *Grupo Nivel Uno, Inc.*
Diseño interior: *Grupo Nivel Uno, Inc.*

Copyright ©2016 por Jack Graham
Originalmente publicado en inglés bajo el título:
    Angels
    by Bethany House
    a división of Baker Publishing Group
    Grand Rapids, Michigan, 49516, U.S.A.

Todos los derechos reservados. Se necesita permiso escrito de los editores para la reproducción de porciones del libro, excepto para citas breves en artículos de análisis crítico.

A menos que se indique lo contrario, todos los textos bíblicos han sido tomados de: Santa Biblia, Nueva Versión Internacional® NVI® ©1999 por Bíblica, Inc.© Usada con permiso.

Printed in the United States of America
Impreso en Estados Unidos de América

17 18 19 20 21 22 VP 9 8 7 6 5 4 3 2 1

A nuestros nietos: Ian, Levi, Dylan Claire,
Piper Jane, Zach y Jake,
«pequeños ángeles» que me dan gran alegría cada día.

Salmos 112:2 (LBLA):
«La generación de los rectos será bendita».

Ahi anime ingannate e fatture empie,
che da sì fatto ben torcete i cuori,
Drizzando in vanità le vostre tempie!

¡Ah criaturas impías, necias almas,
que el corazón torcéis de un bien tan grande,
hacia la vanidad volviendo el rostro!

El paraíso, de Dante
Libro IX, líneas 10-12

Contenido

ÁNGELES

Prólogo

Era un día normal en la locación de la serie televisiva *A.D. La Biblia continúa* en el húmedo y polvoriento Marruecos cuando uno de nuestros actores señaló hacia el cielo y dijo: «¡Miren!»

Allí, a simple vista, estaba una solitaria nube blanca en forma de cruz, destacándose en el cristalino cielo azul. Todo el equipo de rodaje quedó mudo, mientras cada uno buscaba su teléfono celular para fotografiar lo que era claramente una señal de que Dios siempre está presente.

Creo que ese día Dios quiso que todos recordáramos que el reino sobrenatural está más cerca de lo que pensamos; como lo plasma tan bien mi querido amigo, el doctor Jack Graham, en este maravilloso libro.

Al igual que Graham, estoy convencida de que si tienes ojos para ver, oídos para oír y un corazón que anhela palpitar con fe, verás la divina actividad de Dios por toda la tierra, hora tras hora, día tras día. Sentirás la presencia de Dios. Detectarás la protección divina. Serás misteriosamente —aunque innegablemente también— sostenido, mientras transitas por esta vida.

Por casi diez años tuve el privilegio de hacer el papel del ángel Mónica en la serie televisiva *El toque de un ángel.* Cada semana, Mónica entraba en la vida de alguien en un momento de necesidad o desesperación para entregarle personalmente un mensaje de esperanza, un mensaje del amor divino, un mensaje de intervención en nombre de Dios. Creo que el papel que representé en la televisión es como el que desempeñan cada día —en la vida real— aquellos que Dios ha asignado para que cuiden de nosotros.

Tienes en tus manos un trabajo investigativo acerca de quince de las maneras más útiles y personales en las que Dios apoya a sus amados hijos e hijas a través de sus huestes angelicales. Espero que permitas que las palabras del doctor Graham inunden tu vida, recordándote que no estás solo ni abandonado en este mundo. Tienes un amoroso Padre celestial que está obrando a favor tuyo en cada paso del camino y cuyos ángeles te acompañan en tu peregrinar.

Este libro te bendecirá.

Roma Downey

Nota del autor

Huevos, pan tostado y un sí de Dios

«¿No son los ángeles una especie de… tema *marginal*?» Le estaba haciendo la pregunta al equipo de mercadeo de mi editor, que había venido a Dallas para una sesión de intercambio de ideas sobre el tema del próximo libro que debía escribir. En todos mis años escribiendo, esta era la primera vez que el publicador me pedía que cubriera un tema específico, no lo contrario. Por lo general, paso semanas o meses elaborando sermones que surgen de un libro en particular de la Biblia o de un concepto que pienso que la congregación debe dominar y luego, al predicar esos sermones, considero ese material —bien pensado y analizado— para formar la columna vertebral de una próxima obra. Pero esta vez no fue así. Mi editor me pidió un libro sobre ángeles y yo no había ni predicado una serie al respecto, ni había estudiado sobre ellos —*nunca*— en mis más de cuarenta años de ministerio. Era difícil decir que no, pensé, aun cuando seguía añadiendo razones para ello.

Varias semanas más tarde, mientras estaba en Florida por unos días, me encontré con mis buenos amigos Bobbie y Robert Wolgemuth para desayunar. Por varios años, ellos llamaban a la ciudad de Orlando su casa, y sabían de mi afinidad por el golf; así que nos encontramos en Bay Hill, el famoso campo de golf de Arnold Palmer en las riberas del lago. El panorama y los jardines eran impresionantes, pero lo más valioso de la mañana no tenía nada que ver con el paisaje. Aquella conversación a media mañana, mientras comíamos huevos y tostadas, redirigiría por sí sola los próximos veinticuatro meses de mi vida.

Conozco a Robert desde hace más de tres décadas y, debido a su experiencia como agente literario, hace unos años comenzó a aconsejarme sobre mis decisiones editoriales. Esa iba a ser una reunión social, pero como la de mercadeo todavía estaba en mi mente, le planteé el tema a Robert y le expliqué que aun cuando comprendía todas las razones por las que el editor estaba pidiéndome un libro sobre ángeles, probablemente debería dejar pasar esa idea.

«¿Verdad?», le pregunté, buscando su confirmación.

Antes de que Robert pudiera responder, su esposa, Bobbie, casi saltó de su asiento. «¡Oh, pero Jack, considéralo! ¡Ángeles! Los que glorifican a Jesús *perfectamente... continuamente... ¡sin reservas!* Hay tanto que podemos aprender de ellos, ¿no crees?»

Sabía que su entusiasmo era genuino. Bobbie había estado luchando contra el cáncer por algún tiempo y me explicó que, a lo largo de su doloroso, estresante y debilitante proceso, los ángeles no solo le interesaron, sino que eran absolutamente indispensables para mantener viva su esperanza. Ella *necesitaba* apoyo sobrenatural, puesto que su mundo natural se estaba desmoronando. Bobbie me hizo una serie de súplicas sinceras, para las que no tuve ninguna respuesta que valiera la pena. Llegué a entender, durante esa conversación, que la intervención angélica en las vidas de la humanidad era un tema importante no solo para los moribundos, sino también para los vivos. Así que llamé a mi editor con las buenas noticias.

Más preguntas que respuestas

Aun después de darle el sí al equipo de publicación, albergaba serias preocupaciones acerca de la elaboración de un libro completo sobre un tema del que hay muy poca información en las Escrituras. Acababa de escribir una obra —*Unseen*— en la que dedicaba un capítulo a la exposición de los seres angélicos y pensé que dije todo lo que había que decir. Sin embargo, el ánimo de Bobbie seguía presionándome; a pesar de todas las preguntas sin respuesta que quedaban, ¿qué *podemos* aprender de la hueste celestial?

Agarré mi cuaderno y comencé a revisar meticulosamente las centenas de referencias a los ángeles que se observan a lo largo de las Escrituras, prestando atención no solo a las *descripciones que se dan de ellos* (la Biblia claramente nos dice que los ángeles fueron creados, no se reproducen, no mueren, a veces son nombrados, en algunos casos tienen alas, pueden disfrazarse, su existencia no se limita a tiempo ni a espacio, permanecen en la presencia del Padre celestial, y nunca dudan en cumplir la misión que Dios les pide que hagan), sino también a las *manifestaciones de ayuda que se les atribuye*. En algunos relatos, los ángeles son un estímulo para gente *como tú y como yo*. Brindan dirección. Consejo. Confirmación de la voluntad de Dios. Percepción. Fuerza. Protección. Sabiduría. Compañerismo. A medida que mi lápiz trazaba versículos y beneficios concretos, me di cuenta de que era demasiado poco lo que he dicho en cuanto al impacto que los ángeles tienen en la vida real.

Señales de tránsito que apuntan a Cristo

Es valioso señalar que el estímulo y el apoyo que tenemos por cortesía de la hueste celestial distan mucho de los buenos deseos que recibimos de nuestros homólogos humanos. Considera eso de esta manera: Así como una señal de tránsito es útil puesto que apunta al destino deseado, la ayuda de los ángeles a nuestras vidas es útil porque dirige nuestros pies, de manera confiable, hacia Cristo. En ninguno de mis estudios, nunca hallé fundamento bíblico para decir que los ángeles tratan de llamar la atención a sí mismos, actúan de acuerdo a sus propios impulsos o buscan su propia gloria. Nada más lejos de la realidad. A cada paso, los ángeles responden a la voluntad de Dios y dirigen fielmente a la humanidad hacia Cristo. Su consejo tiene mucho peso. Se puede confiar en su dirección. Su protección considera nuestros mejores intereses. Los ángeles no son solo fascinantes; son *absolutamente funcionales* para gestionar la voluntad de Dios. De modo que, mientras tú piensas que estás sosteniendo un libro acerca de los ángeles, en realidad, el foco de nuestra atención a través de estos capítulos está en la persona de Jesucristo, el único conducto de la redención de Dios en el mundo creado, el Único a través del cual llegará —al fin— la paz.

La presencia y la protección angélica marcaron cada momento crítico de la vida de Jesús: fue un ángel el que declaró el nombre del niño Cristo (Lucas 1:31); fue un ángel quien anunció el nacimiento del bebé a los pastores (Lucas 2:11); fue un ángel quien le dijo a José que llevara a María y a Jesús a Egipto para sobrevivir al decreto asesino del rey Herodes (Mateo 2:13); fueron ángeles los que ministraron a

Jesús después de su triple tentación (Mateo 4:11); fue un ángel quien le hizo compañía mientras sudaba gotas de sangre en el jardín de Getsemaní (Lucas 22:43); fueron ángeles quienes reprimieron su gran poder cuando Jesús sufrió y murió en la cruz (Mateo 26:53); fue un ángel el que informó a las mujeres que llegaron al sepulcro de Jesús que el Mesías había resucitado de entre los muertos (Mateo 28:5); fueron ángeles quienes recibieron a Jesús al regresar al Padre (Hechos 1:10); será un ángel quien dirigirá la banda de trompetas celestiales durante la segunda venida de Cristo (Apocalipsis 8); y serán ángeles los que algún día supervisarán el juicio final de los vivos y de los muertos (Mateo 13:39-42).

Sin embargo, quizás lo más oportuno para nuestra discusión aquí es que la misma presencia y protección angélica que cubrió a Jesucristo en todos los puntos a lo largo de su jornada terrenal está vigente para aquellos que aman a Dios aquí y ahora. *Ese mismo apoyo sobrenatural está a la disposición.* Salmos 91 promete que es a aquellos que moran al abrigo del Altísimo que Dios mandará a sus ángeles acerca de ellos, para guardarlos en todos sus caminos.[1]

Me he dado cuenta de que este no es un tema marginal. ¿Acaso no podríamos todos usar un poco de dirección divina a lo largo de nuestros días? Cristo es el Único que puede proveer eso y el papel de los ángeles es recordarnos esa verdad. Por eso, este libro. Capítulo a capítulo, presento quince aspectos clave de la suficiencia de Cristo manifestada por las actividades angélicas en el relato bíblico. Cada capítulo trae a la luz un rasgo distinto del carácter —el perdón de Cristo, por ejemplo, o su perspectiva, o su fuerza— y te pide a ti, lector, que consideres lo que el antiguo encuentro tiene que decirnos hoy.

Es un velo muy delgado que separa lo natural de lo sobrenatural, lo que significa que la actividad divina está a nuestro alrededor. El tema que nos ocupa es si tendremos ojos para verlo y corazones ansiosos por recibir la ayuda que Dios anhela proveer a través de sus mensajeros místicos.

Mi amiga Bobbie fue a morar con el Señor cuando terminaba de escribir este libro, pero su impresión en mi vida —y por supuesto en este proyecto— continúa.

Jack Graham

Primera parte

La sabiduría de los ángeles al iniciar la jornada

La exploración de la mente de Cristo
es un viaje a ninguna parte si el peregrino
todavía está esposado a la carne.

—Brennan Manning

1

Perdón

Cuando has pecado contra Dios

uando adolescente, mi sueño era jugar béisbol profesional. Trabajé duro para desarrollar mis habilidades y, al igual que muchos jóvenes, para llevar las cosas al siguiente nivel: las Grandes Ligas. Todo indicaba que mis aspiraciones infantiles se estaban convirtiendo en realidad, ya que los exploradores universitarios y profesionales se interesaron por mi juego. Estaba en camino a lograrlo, pero Dios tenía otro plan.

Una ardiente noche de verano en Fort Worth, Texas, manejé mi coche solo al estadio de mi equipo de la escuela secundaria en Eastern Hills. Las estrellas son realmente brillantes en el corazón de Texas y parecía que todas estaban brillando sobre mí esa noche. Dado lo real que era la presencia de Dios para mí en esos momentos, aquel campo deportivo se convirtió en algo como un santuario. Aunque yo no estaba en una iglesia, Dios se me acercó esa noche. Yo estaba de pie en tierra santa.

No me di cuenta en ese instante que el Espíritu Santo estaba trabajando en mí, llamándome, instándome a tener un sueño más grande y mejor.

Esa noche, de pie en el campo de pelota, rendí mi vida para hacer lo que Dios me estaba llamando a hacer: convertirme en predicador del evangelio. De rodillas, en el mismo lugar en el que hice cientos y cientos de roletazos, me rendí incondicionalmente para conocer y hacer la voluntad de Dios. Puse todos mis sueños y deseos en el altar llamado segunda base. Inolvidable. Desde aquella noche en adelante, tuve una ambición: seguir el llamado que Dios me había hecho esa noche sustentado por la fe. Resultó ser que todavía tenía oportunidades para jugar béisbol. Es más, el béisbol me sirvió de plataforma para predicar como joven deportista y me proporcionó una beca para jugar en la universidad durante mis cuatro años de estudios de pregrado. No estoy seguro de que hubiera podido pagar una universidad sin esa beca. Solo Dios.

Aún amo al béisbol —y especialmente a mis Texas Rangers— pero cuando entré confiadamente al llamado que Dios me hizo, me di cuenta de que nada podía compararse con la satisfacción de servirle. Ese momento, esa noche, fue un punto de inflexión espiritual. No oí el susurro de las alas de un ángel, pero ciertamente me encontré en el trono de Dios y cara a cara con su gobierno soberano. Fue un «momento como el de Isaías», cuando vi al Señor alto y sublime (Isaías 6:1).

Un encuentro cara a cara con Dios

El libro de Isaías, en el Antiguo Testamento, es una serie de advertencias y promesas a Jerusalén, Judá y a las naciones en general: advertencias de juicio inminente y promesas de restauración que estarán a la disposición de ellos si acuerdan arrepentirse de sus propios planes y buscan la voluntad de Dios. Es una colección de profecías escritas por un profeta principesco

—Isaías era relacionado con la aristocracia de su tiempo— y seis capítulos referidos a las afirmaciones divinamente inspiradas del autor —sobre los acontecimientos futuros que su pueblo enfrentará—, que transmite una visión específica que tuvo del Señor.

Isaías pasa los primeros cinco capítulos del libro pronunciando «males» o juicios, tanto sobre la ciudad como sobre la nación —Jerusalén y Judá, respectivamente—, las cuales perdieron su pasión por Dios. Varios programas políticos y sociales habían servido para reformar esos lugares de modo superficial pero, en términos de moralidad, sus ciudadanos eran horriblemente perversos.

Isaías tiene el corazón roto por el comportamiento de sus compatriotas. Sabe que la ira de Dios vendrá, con seguridad.

El capítulo seis comienza con la noticia de que el rey de Judá, Uzías, ha muerto, lo que es un golpe para todos en el reino porque era un líder dinámico. Encontramos a Isaías en el templo, rindiendo homenaje al gran rey. Veamos el texto, Isaías 6:1-7:

El año de la muerte del rey Uzías, vi al Señor excelso y sublime, sentado en un trono; las orlas de su manto llenaban el templo. Por encima de él había serafines, cada uno de los cuales tenía seis alas: con dos de ellas se cubrían el rostro, con dos se cubrían los pies, y con dos volaban. Y se decían el uno al otro:

«Santo, santo, santo es el Señor Todopoderoso;
toda la tierra está llena de su gloria».

Al sonido de sus voces, se estremecieron los umbrales de las puertas y el templo se llenó de humo. Entonces grité: «¡Ay de mí, que estoy perdido! Soy un hombre de

ÁNGELES

labios impuros y vivo en medio de un pueblo de labios blasfemos, ¡y no obstante mis ojos han visto al Rey, al Señor Todopoderoso!» En ese momento voló hacia mí uno de los serafines. Traía en la mano una brasa que, con unas tenazas, había tomado del altar. Con ella me tocó los labios y me dijo: «Mira, esto ha tocado tus labios; tu maldad ha sido borrada, y tu pecado, perdonado».

El cuadro del profeta es el más extenso acerca de los seres angélicos que aparece en la Escritura y el mensaje que transmite es este: «Acércate. Encuentra a Dios». Recuerda esas palabras mientras caminas a través de cada capítulo de este libro; la presencia de un ángel *siempre* promueve la intimidad con el Todopoderoso. Los ángeles no son nada, ni pueden hacer nada, apartados de Él. Ellos son siervos de Dios, nada más.

En la visión de Isaías, vemos al Señor en toda su gloria y majestad. Veamos un hecho divertido: En el mundo antiguo, la autoridad y el alcance de un rey eran visiblemente revelados por la longitud de su túnica. Cuanto más largas y más elaboradas las faldas (orlas) de la túnica, más grande era el poder que tenía. Para el profeta, ver las faldas de la túnica de Dios llenando cada centímetro cuadrado del templo, era señal de que estaba en la presencia de Uno cuyo liderazgo era incomparable, sin igual. Los ángeles que lo rodeaban —en este caso serafines, una clase de ángeles que solo se menciona en este libro de las Escrituras— no podían hacer otra cosa que reconocer a su Rey.

Aquí, en la imagen más detallada de la Biblia —que retrata a los ángeles adorando a Dios alrededor de su trono—, me parece fascinante que clamaran: «Santo, santo, santo» en respuesta a Aquel al que adoran.

No clamaban: «Fiel, fiel, fiel», a pesar de la innegable fidelidad de Dios. Tampoco decían: «Misericordioso, misericordioso,

misericordioso», aunque eso también es cierto con nuestro Dios. Ellos no decían: «Recto, recto, recto» ni «justo, justo, justo» ni incluso «amoroso, amoroso, amoroso», aunque esos adjetivos también eran adecuados. No, al seleccionar una palabra, y una sola palabra, para describir la naturaleza de Dios, clamaron: «Santo», y marcaron su importancia repitiéndola dos veces más. «Santo, santo, santo, Jehová de los ejércitos», cantaban como un coro antifonal una y otra vez.

Dios es santo
Separado
Distinto
Completamente Otro
Aparte de todo lo que conocemos

Este es el Dios que los ángeles nos revelaron desde el celestial punto de vista del profeta.

Cómo entender la santidad

Siempre que trato de poner palabras a la santidad de Dios —su alteridad— me siento incapaz y pequeño. Considerar la asombrosa persona y personalidad de nuestro gran Dios es desalentador, por decir lo menos. Pero basado en los claros temas de la Escritura, puedo apuntar con confianza tres verdades sobre la santidad de Dios que nos ayudan a comenzar a entender con qué estamos tratando cuando decimos que Dios es «otro», aparte de ti y de mí.

En primer lugar, la santidad es la característica divina, concluyente y central que define a Dios. La santidad, para Dios, es un asunto de carácter; no puedes hablar de su carácter sin referirte a la vez a la manera única en que Él está separado. En la actualidad, tendemos a lanzar la palabra *única* sin pensarlo, como si todo fuera único, exclusivo. Pero solo las cosas sin pares son de hecho únicas. Nuestro Padre celestial es *único*. Dios es exclusivamente santo y, como tal, solo Él se define por ese término.

Segundo, la santidad de Dios señala su soberanía tanto como su autoridad moral y su imperio. Dios establece las reglas del universo, no el hombre, porque Él es santo; nosotros no. «En el cual no hay mudanza», dice Santiago 1:17 (RVR60), «ni sombra de variación». Él mora eternamente no en la oscuridad, sino en la luz y, por lo tanto, su perspectiva siempre es correcta.

Tercero, comprender a Dios como exclusivamente santo es decir que Él es incontaminado, inmaculado y puro. ¡No es de extrañar que los ángeles se deshicieran en su adoración! La pureza tiene ese efecto. La supremacía de Dios era innegable. Como resultado, la compañía de los ángeles era extática.

El efecto de la santidad

Hay algo aquí en la visión de Isaías (Isaías 6) que debería comunicarnos cómo responder a Dios. El texto dice que con sus seis alas, cada uno de los serafines —precisamente cuántos de ellos había, no sabemos— cubrieron su rostro, cubrieron sus pies y volaron. Echemos un vistazo a cada uno de ellos.

Los ángeles cubrían sus rostros pero, ¿por qué? ¿Por qué no querrían mirar a Dios? Me encanta lo que mi amigo James MacDonald dice sobre el tema de tratar con un Dios santo.

Apocalipsis 19 dice que los ojos del Señor son como llama de fuego. Por eso no es de extrañar que los serafines se cubrieran. Ellos no querían mirar a Dios ni que Dios los mirara… Uno no puede leer el versículo 2 sin sentir en los serafines una pasión consumidora en torno a Dios. «¡Cuidado! ¡Cuidado! Haz lo que Él dice, exactamente, inmediatamente, totalmente, cada vez. Él es Dios; no nosotros. Él es santo; vuela perfecto. No lo mires. Cúbrete. ¡Santidad! ¡Precaución! La santidad requiere cautela».[1]

De acuerdo a los comentarios de Santiago, tú y yo deberíamos caminar con un rollo de cinta amarilla [como la que usan los policías en señal de precaución] mientras hacemos las tareas aparentemente más serviles. *¡Cuidado! El camino de la piedad es estrecho. ¡Cuidado! ¡Mira dónde pisas! ¡Cuidado! ¡Dios está trabajando en este mundo! ¡Cuidado! Las cosas no siempre son como parecen.* El profeta Moisés probablemente podría haber usado alguna cinta amarilla después de su radical encuentro con Dios en el Antiguo Testamento.

Reflexiona conmigo en el libro del Éxodo, cuando Moisés quería ver el rostro de Dios. Él le rogó a Dios que se revelara a sí mismo, pero Dios no lo permitió. Al contrario, le dijo: «Voy a darte pruebas de mi bondad, y te daré a conocer mi nombre... no podrás ver mi rostro, porque nadie puede verme y seguir con vida» (Éxodo 33:19-20). Dios entonces puso a Moisés en la grieta de una roca para protegerlo y la cubrió con la mano mientras Él pasaba.

Momentos después, Moisés vio apenas la espalda de la gloria de Dios; las Escrituras nos dicen que esa breve mirada hizo que Moisés se encendiera con el brillante resplandor de la gloria de Dios. Cuando volvió a entrar en contacto con su gente, después de estar en la presencia de Dios, Moisés estaba tan poderosamente encendido que sus amigos tenían que cubrirlo para acercarse a él. Refiriéndose al nuevo cielo, Apocalipsis 21:23 dice: «La ciudad no necesita ni sol ni luna que la alumbren, porque la gloria de Dios la ilumina, y el Cordero es su lumbrera». No es extraño que tuvieran que cubrir a Moisés. No es de extrañar que los ángeles desviaran su mirada directa.

Los ángeles también cubrían sus pies, simbolizando su condición de criatura (y la nuestra). La experiencia de Moisés nos ayuda también aquí. ¿Recuerdas lo que Dios le dijo a Moisés en la zarza ardiente? «Quítate las sandalias, porque estás pisando tierra santa».[2] Nuestros pies representan el polvo. Representan la mugre, la suciedad de este mundo. No todo lo que viene del polvo es malo, por supuesto; recuerda que tú y yo llegamos a la existencia por él. Pero cuando nos paramos delante de un Dios santo, reconocemos que somos mundanos, no celestiales. Incluso los ángeles en todo su esplendor no son omnipresentes ni omnipotentes, ni omniscientes. Ellos también reconocen su condición de criaturas ante Dios —son creados, no creadores— y lo hacen cubriendo sus pies.

Con el tercer par de alas, entonces, los ángeles volaban; una imagen que me encanta por su movimiento y su zumbido. ¡Imagínate a esos seres poderosos, subiendo y bajando alrededor del trono de Dios! Los que se imaginan al cielo como un hogar de ancianos glorificado, con gente sentada, aburrida, esperando que pase la eternidad, están seriamente equivocados. Habrá energía y actividad sin fin en la presencia de nuestro Dios santo. Solo pregúntales a esos serafines.

Los ángeles se cubrieron sus rostros, sus pies y se levantaron en respuesta a la gloria de Dios; conductas todas muy afables destinadas a declarar la santidad de Dios todopoderoso.

La respuesta de Isaías y la nuestra

A estas alturas, Isaías estaba abrumado. Así que clamó: «¡Ay de mí, que estoy perdido! Soy un hombre de labios impuros y vivo en medio de un pueblo de labios blasfemos, ¡y no obstante mis ojos han visto al Rey, al Señor Todopoderoso!» (Isaías 6:5).

«¡Ay de mí!» dijo Isaías, lo que significaba que estaba pronunciando juicio sobre sí mismo, un juicio que era fuerte, dado lo perdido que se sentía, lo perdido y miserablemente impuro. Isaías estaba completamente deshecho, esa es la única forma en que podemos decirlo. Se había encontrado con la santidad absoluta de Dios, de modo que ya no podía escudarse con su educación privilegiada, su fidelidad moral, su currículum, su reputación ni sus formas religiosas. Su mundo se estaba descosiendo por las costuras. Se estaba desmoronando. En vista de la santidad de Dios y a la luz de los majestuosos ángeles, él sabía que no era nada más que un hombre pecador.

Isaías era una persona honorable, pero nunca había visto nada tan honorable como *esto*. Isaías sabía que necesitaba una limpieza profunda, por lo que Dios envió a un ángel a su camino para ayudarlo.

El carbón en los labios es Cristo

En Isaías 6:6-7, uno de los serafines voló hacia el profeta, llevando en su mano un carbón ardiente del altar, con el que procedió a tocar la boca de Isaías. El ángel dijo: «Mira, esto ha tocado tus labios; tu maldad ha sido borrada, y tu pecado, perdonado».

El carbón representa el sacrificio de Jesucristo en la cruz, cuya obra terminada pagó por nuestro pecado: pasado, presente y futuro. Puesto que Isaías reconoció la necesidad de un Salvador para limpiar su impureza, el perdón estaba a su disposición. Sorprendentemente, esa misma oferta está a disposición tuya y mía. Si nos humillamos de modo voluntario, si oramos, buscamos el rostro de Dios y nos apartamos de nuestros malos caminos, 2 Crónicas 7:14 promete que, entonces Dios oirá desde el cielo y perdonará nuestro pecado y sanará nuestra tierra.

Podemos ser perdonados por las decisiones pecaminosas que hemos cometido.

Podemos sentir la presencia viva de Dios, sin salvedades.

Podemos ser hechos nuevos, ¡perfectos!, transformados por el poder santo y sanador de Dios.

Si solo confesamos y nos arrepentimos de nuestros pecados.

ÁNGELES

En 1995, en el Desayuno de Oración del Gobernador de Kentucky, mi buen amigo —el pastor Bob Russell— estaba ante los dignatarios y líderes comunitarios reunidos allí para dirigir la oración de apertura. Estoy seguro de que todos los sentados ante él esperaban una oración típica, pero eso no es lo que Bob expresó. En vez de eso, extendió el siguiente llamado al arrepentimiento y a un clamor por perdón:

Padre celestial, venimos ante ti hoy para pedir tu
   perdón así como para buscar tu dirección y tu guía.
Sabemos que tu Palabra dice: «Ay de los que llaman al
   mal bien».
Pero eso es exactamente lo que hemos hecho.
Hemos perdido nuestro equilibrio espiritual e
   invertido nuestros valores.
Confesamos que hemos ridiculizado la verdad
   absoluta de tu Palabra y a eso hemos llamado
   pluralismo.
Hemos adorado a otros dioses y a eso hemos llamado
   multiculturalismo.
Hemos respaldado la perversión y a eso hemos
   llamado estilo alternativo de vida.
Hemos explotado a los pobres y lo hemos llamado
   lotería.
Hemos descuidado a los necesitados y lo hemos
   llamado autopreservación.
Hemos recompensado la pereza y a eso hemos llamado
   asistencia social.
Hemos matado a nuestros hijos por nacer y lo hemos
   llamado elección.
Hemos abatido a los abortistas y a eso hemos llamado
   justificable.

Hemos descuidado disciplinar a nuestros hijos y lo
hemos llamado edificar la autoestima.
Hemos abusado del poder y a eso hemos llamado
inteligencia política.
Hemos codiciado las posesiones de nuestro prójimo y
lo hemos llamado ambición.
Hemos contaminado el aire con profanidad y
pornografía y a eso hemos llamado libertad de
expresión.
Hemos ridiculizado los inestimables valores de
nuestros antepasados y lo hemos llamado
iluminación.
Examínanos, oh Dios, y conoce nuestros corazones
hoy.
Límpianos de todo pecado y haznos libres.
Guía y bendice a estos hombres y mujeres que han
sido enviados para dirigirnos al centro de tu
voluntad.
Lo pido en el nombre de tu Hijo, el Salvador vivo,
Jesucristo. Amén.

El pastor Russell tenía razón ese día: Solo Dios puede «limpiarnos de todo pecado y hacernos libres». Milagrosamente, a los que vienen ante el Padre con humildad, impíos e inmundos pero dispuestos a cambiar, Dios les dice: «Por el sacrificio de mi Hijo, ahora estás vestido de justicia, hijo amado, impecable para estar delante de mi trono».

«¡Acércate!», le dio a entender el ángel a Isaías. «Ven y encuentra a Dios».

Los ángeles nos dirigen hacia Jesús, el único que puede limpiarnos de nuestro pecado y satisfacer las justas exigencias de un Dios santo.

Cómo crecer en los caminos de Dios

Vale la pena señalar que mientras Isaías tenía esa asombrosa visión de los ángeles, vio a Dios *sentado* en su trono. Dios no se paseaba de un lado a otro, retorciéndose las manos por la situación de este mundo caído. La catástrofe de Judá no se estaba registrando como una crisis en el cielo. No, Dios tenía y tiene el control cuando parece que nuestro mundo se está desmoronando. «No hay pánico en el cielo», dijo una vez Corrie ten Boom, «solo planes».

Isaías seguramente observó el sereno comportamiento de Dios, dada la crisis que enfrentaba su nación. Había profundo pecado. Había depravación moral. Había incertidumbre sobre el futuro. Y, sin embargo, ahí estaba Dios perfectamente sosegado.

Creo que esta imagen tenía la intención de anunciarle algo a Isaías —y, por extensión, a nosotros— que es que en la medida en que conformemos nuestras vidas a la voluntad y a los caminos de Dios, conoceremos una sensación de paz más profunda y duradera. Claro, seguiremos enfrentando circunstancias desgarradoras, pero no tendrán la misma influencia en nuestro estado emocional que alguna vez tuvieron. Cuando recordemos que estamos destinados para el trono, donde todo es rectificado al final, vamos a experimentar la penetrante paz de Dios, de la que la Escritura dice que «sobrepasa todo entendimiento» (Filipenses 4:7).

Es más, a medida que tú y yo meditemos en Dios como el «excelso y sublime», igual que lo hiciera Isaías, *cada* aspecto de la santidad de Dios —su «alteridad»— echa raíz en nosotros, de modo que crecen brotes de rectitud en nuestras vidas. Si eres un devoto seguidor de Cristo, este proceso ya está sucediendo.

Permíteme decirlo de esta manera: Si agarraras una silla y te ubicaras debajo de un manzano gigante y pasaras los días mirando una manzana en particular, hora tras hora, te sería difícil observar su crecimiento. Pero si le echaras un vistazo a la manzana y te fueras por dos semanas, al volver verías claramente el cambio. Lo mismo es cierto con nosotros: Tal vez no podamos decir que estamos madurando o creciendo espiritualmente si escrutamos las cosas minuto a minuto. Pero esperamos que cuando reflexionemos en los años pasados, podamos ver cómo Dios nos conforma a la imagen de su Hijo.

¿Eres más paciente que antes?

¿Más amoroso?

¿Eres más suave? ¿Más gentil? ¿Más compasivo? ¿Más sabio?

¡Eso es Cristo, que hace como quiere en ti! Eso es Dios, haciendo lo que hace mejor.

Ese progreso de los ángeles revelado a Isaías aquel día es el mismo que tú y yo podemos conocer: A medida que nos acercamos y nos encontramos con Dios, nos damos cuenta de nuestra necesidad de ser hechos limpios. Por tanto, al recibir el don de la gracia de Dios en la persona de Cristo, simultáneamente comenzamos a ser hechos nuevos. Llegamos a ser completos. Y llegamos a ser santos. Venimos a ser más como Cristo.

¿Feliz, sano o santo?

En cuanto a este asunto de buscar la santidad, me resulta desalentador que los seguidores de Cristo tiendan a darle prioridad a la felicidad o a la salud muy por encima de su anhelo por una mayor santidad. «¿Santidad? —decimos—. No, gracias. Prefiero trabajar en mis abdominales».

Sin embargo, Dios nos recuerda en 1 Pedro 1:16 que la santidad debe ser nuestro principal objetivo. Él dice: «Sean santos, porque yo soy santo». En otras palabras: «Mantén tus ojos en *mi* premio».

Si deseas una santidad más profunda en tu vida, deja que las siguientes instrucciones te sirvan como punto de partida.

Encauza tus pensamientos

La santidad comienza con un pensamiento único, como lo demuestra el conocido proverbio: «Porque cual es su pensamiento en su corazón, tal es él» (Proverbios 23:7, RVR60). Si siempre tienes pensamientos puros, vivirás una vida pura. Si tienes pensamientos impuros, te sumirás en la fealdad y el pecado. De modo que trabajemos para tener nuestros pensamientos cautivos, uno por uno, recordando que solo podemos tener un pensamiento a la vez. Si en este momento decidimos meditar en algo hermoso y excelente, no podemos también estar pensando en la maldad y el pecado.

Obedece a Cristo

Obedece a Cristo así como responde un niño a su amoroso padre. La obediencia a Cristo dice: «Señor, te doy mi vida, cada aspecto de ella, cada respiración. A donde me dirijas, iré. Lo que me pidas, haré».

La obediencia a Cristo no valora la voluntad de Dios con respecto a la nuestra; al contrario, asesina a nuestra voluntad, de modo que solo quede la voluntad de Dios.

Ama a Dios con todo tu corazón, tu mente, tu alma y tu fuerza

La Biblia dice que aquellos que aman al Señor también odian al mal, lo que significa que si nos esforzamos por tener un corazón para Dios, no lo tendremos para el pecado. Que cada día tu objetivo sea amarlo.

Rinde tu vida completamente a Él

Por último, si anhelas una santidad más profunda, *rinde tu vida completamente a Él*.

¡Cristiano, no retengas nada de la vista de tu Maestro! Sus caminos son mucho mejores que los tuyos.

En el *Paraíso* de Dante, el personaje principal (es probable que sea Dante mismo) viaja por los cielos y allí se encuentra con la hueste angélica. Los seres celestiales claman: «¡Gloria!» al Padre, al Hijo y al Espíritu Santo, y la melodía es tan cautivante —según Dante—, que él se «emborracha en la dulzura de su canto».[3] Más tarde, al reflexionar sobre la dinámica de adoración de ese lugar repleto de Dios, él escribió: «Siempre el amor que aquieta este cielo con este saludo al que llega acoge, a fin de disponer a su llama la candela».[4]

Candelas dispuestas para la llama, ¡me encanta eso! De hecho, es exactamente a lo que se parece el *rendirse*: personas humildes que viven dependiendo totalmente de Dios. Cuando nos rendimos, le decimos al Señor: «¡Tómame!, ¡enciéndeme! ¡Úsame! *Tu* manera es la mía». Billy Graham señaló una vez que los ángeles «son motivados por un amor inagotable a Dios y vigilan que la voluntad de Dios en Jesucristo se cumpla en nosotros».[5] ¿De qué otra manera podría suceder eso, excepto que rindamos nuestras vidas por completo a Él?

Encontrar a Dios es cambiar radicalmente. Es anhelar la santidad que solo Él puede dar. Es ser llamado a servirle día y noche, en cualquier momento, en cualquier lugar y a cualquier costo. Como los ángeles alrededor del trono de Dios, adoremos a nuestro santo Dios y entreguémonos completamente para cumplir su propósito en nosotros.

2

Perspectiva

Cuando no puedes ver derecho

U n predicador y su amigo hicieron una apuesta. Como cuenta la historia, era una apuesta sencilla, una que involucraba al predicador y su caballo. Si el predicador conseguía que el caballo subiera la escalera de su casa y luego bajara de ella, el amigo del predicador le daría diez dólares, una suma de dinero no muy pequeña en esos días. Pero el amigo sabía que los caballos odiaban bajar pendientes fuertes; así que pensó que su efectivo estaba a salvo.

Con lo que el amigo no contó fue que el predicador pensaría en una solución oportuna y sabia. Tal como se suponía, el caballo subió las escaleras corriendo, de dos en dos peldaños. Y como esperaba el amigo, el caballo se volteó para bajar las escaleras, pero se negó a moverse. *Nada* le haría anotarse para aquel descenso; simplemente se quedaría en la cima. Ve la manera innovadora del predicador: sacó un fardo de yute, lo puso sobre la cabeza del caballo y condujo al animal hasta lo más bajo de las escaleras con apenas un suave tirón.

Traigo esto porque se cree que las gríngolas, anteojeras o visores, se inventaron poco después de ese experimento no planeado para restringir el campo visual del caballo. Por décadas, los caballos de carrera han usado anteojeras como medio para concentrar su atención en la tarea que están llevando a cabo, lo que normalmente implica correr casi ciego y tan rápido como sea posible alrededor de una pista terriblemente monótona, con la esperanza de obtener aplausos y una guirnalda de rosas al final.

¿Qué tiene eso que ver contigo y conmigo? Bueno, tiene mucho que ver, nosotros somos ese caballo de carrera cegado, que corre en círculo persiguiendo la aprobación, todo el tiempo con la vista limitada.

El cumplidor de promesas original
Una noche un hombre tuvo un sueño. En el mismo, estaban el planeta Tierra y el cielo, además había una escalera que los unía a los dos. En la escalinata estaban los seres celestiales, ascendiendo y descendiendo con constancia y gracia. La vista era asombrosa por su belleza, impresionante y sacra en su efecto. ¡Su brillo! ¡Su resplandor! ¡Su esplendor! ¡Su paz! Esas criaturas sabían algo que el hombre desconocía. Lo que sabían era la perspectiva de Dios; compartían, con su Maestro, la misma visión.

Con la visión del hombre acerca de los ángeles había otra visión del propio Señor Todopoderoso. Dios estaba de pie frente al hombre, diciendo: «Yo te protegeré dondequiera que vayas». ¡Qué gran promesa! Dada la inestabilidad del mundo, ¿quién haría una afirmación tan audaz? Los seres radiantes que vio jugaban un papel importante, pero ¿quiénes eran y qué hacían?

Al fin, el hombre despertó de su sueño y dijo: «Seguro que el Señor estaba en este lugar». Luego tomó la piedra que estuvo usando como almohada y erigió una columna conmemorativa para marcar el lugar. «Si Dios, ciertamente, está a mi lado, me protege y me mantiene en una sola pieza», dijo el hombre, «entonces *este* Dios será mi Dios».[1] En otras palabras: «Si este hombre tiene influencia sobre seres fuertes y radiantes como esos, es posible que al final me vaya bien». El soñador, por supuesto, era Jacob, y Dios cumpliría la promesa que le hizo ese día. Flanqueado a la izquierda y a la derecha por su hueste angélica, Dios sigue cumpliendo sus promesas.

Los ángeles y la voluntad de Dios

Si me pidieras que señalara la práctica principal de los ángeles, diría que lo que los distingue de todas las otras creaciones —desde piedras sin espíritu hasta plantas sin sentido, desde iguanas hambrientas de iniciativa hasta seres humanos atados a la tierra— es lo siguiente: *Que conocen la voluntad de Dios y la obedecen.* Que hacen que esa voluntad divina avance. ¿En qué forma lo consiguen? Se aseguran de que todo el día, todos los días, estén en ese conjunto de escaleras con destino al cielo. Ryan White escribe:

> La mayor parte del tiempo, fuera de un movimiento soberano de Dios, si el cielo va a tocar a la tierra y si el reino va a ser confirmado, va a requerir que oigamos a Dios, que se nos muestre qué hacer y tener las agallas para salir al reino natural y actuar en él con obediencia.[2]

Los ángeles podrían enseñar clases en esta trifecta de eficacia espiritual. Ellos están *así* de sintonizados con la voz de su Maestro. Están *así* de ansiosos por alinear sus planes con los de Él. Y están *así* de dedicados a cumplir la soberana voluntad de Dios.

En virtud de mi ocupación, muchas de las conversaciones que tengo a lo largo del curso de un día determinado terminan siendo sesiones de consejería improvisadas. No es mi intención que eso sea así; simplemente sucede que cuando uno es pastor, aparece gente que necesita ser pastoreada, incluso si la conversación no estaba en las citas para ese día. No me sorprende que de lo que la mayoría de la gente quiere hablar es cómo conocer la voluntad de Dios. Es posible que no utilicen esa terminología, pero eso es precisamente lo que preguntan cuando plantean cuestiones como: «¿Debo aceptar este trabajo?» «¿Debo casarme con esta persona?» «¿Será mejor que siga adelante o que regrese a la escuela?» ¿Compro la casa que puedo pagar o la que realmente quiero, a «pesar de que voy a estar apretado de dinero?» «¿Impongo límites más estrictos a mi adolescente rebelde o le muestro algo de misericordia?» «¿Estoy obligado a dejar que mi hijo de veintitantos años viva en casa o debo insistir en que consiga su propio lugar?» «¿Debo inscribirme para servir en este ministerio en particular o debo concentrar mi tiempo en completar mi título?» «¿Me enfrento a mi colega en el trabajo en cuanto a su atuendo inapropiado o me siento y espero a que el departamento de recursos humanos trate ese asunto?» Y así sucesivamente.

¿Qué quiere Dios que hagamos? ¿Cómo descubrimos su voluntad? Parece que todos estamos corriendo en círculos aquí abajo, con esas anteojeras fastidiosas que impiden que veamos. Los dilemas que tú y yo —como todos los demás—, enfrentamos son sustantivos e innumerables y, para aquellos que amamos a Dios, una porción significativa de nuestro tiempo y de nuestra energía tiende a consumirse preguntándonos: *¿Qué haría Jesús?* Sabemos que Cristo nunca dejó de hacer la voluntad de su Padre, y así hurgamos las Escrituras, arañando para obtener discernimiento y paz. ¿Tomaría Jesús este trabajo o aquel, compraría esta casa o aquella, practicaría el amor tenaz o la misericordia, participaría en la conversación o permanecería en silencio? ¿Cómo sería la voluntad de Dios en cada situación? ¿Se puede conocer la voluntad de Dios?

En eso es que nos ayudan los ángeles. La visión de Jacob revela los dos elementos que llevan a ganar más de la perspectiva de Dios, a saber, que su hueste celestial se dedica a la *actividad* correcta y en la *frecuencia* correcta, en todo momento. La mayoría de la gente entiende por experiencia personal lo que es participar en la actividad correcta, pero no en la frecuencia correcta. Por ejemplo, mi nuera Toby es entrenadora personal. Ella desea ganar un dólar por cada cliente que no pudo entender por qué correr un kilómetro no una vez al día ni incluso una vez a la semana, sino una vez en la vida (lo más probable, en la escuela secundaria) simplemente no era suficiente actividad para ayudar a desinflar el neumático no deseado que tiene alrededor de su cintura. Si así fuera, podría retirarse del entrenamiento personal por completo y vivir del interés de su inmensa fortuna. Actividad correcta, frecuencia incorrecta, no da resultados positivos.

Del mismo modo, tú y yo entendemos lo que es participar con gran frecuencia en actividades que son algo menos que útiles. ¿Alguna vez has estado atrapado en una rutina circular? ¿O estar como Forrest Gump, bebiendo quince refrescos al día? ¿O has sido sorprendido satisfaciendo una obsesión caprichosa con tu liga de futbol ideal? Frecuencia correcta, actividad incorrecta: esta combinación tampoco es buena.

Lo que es un poco más elusivo es el equilibrio que los ángeles parecen lograr, el de la actividad correcta en la frecuencia correcta, momento a momento, hora a hora, día a día. «¿Qué podemos aprender de los ángeles?», plantea el autor Larry Libby. «Podemos aprender la gran alegría que da obedecer a

Dios rápidamente. Y podemos aprender a adorar al Señor con todo nuestro corazón».[3]

Tal vez el mero pensamiento de esa perspectiva ya te está haciendo temblar. ¿Quién tiene tiempo para sentarse a los pies de Dios todo el día? ¿Tiene Dios realmente una opinión en cuanto a lo que pedimos para el almuerzo? Sin embargo, en las Escrituras es innegable que los mensajeros de Dios están *por siempre* a su entera disposición. Apocalipsis 7:11 nos recuerda que, aun cuando los ángeles estaban completamente acostumbrados al magnificente poder de Dios y a su presencia, «se postraron rostro en tierra delante del trono, y adoraron a Dios». Ellos se encontraban boca abajo honrando a Dios, no de vez en cuando sino siempre. En cada turno. En todo momento. Ese es el objetivo de la vida que sigue a Cristo y es la manera en que discernimos la misma voluntad de Dios. Así que no, tal vez a Dios *no* le importe en particular si pides ensalada César o un filete de pollo frito. Tal vez lo que le importa es que te comuniques de modo amable con el empleado del restaurante que te sirve, que necesita desesperadamente conocer el amor de Cristo. ¿Es posible que Dios se preocupe menos de tu vocación y de tu ubicación que de tu carácter; que estés llegando a ser cada vez más y más como Jesús?

Es una pregunta que vale la pena hacerse y, aun más, responderla; que es por lo que creo que vale la pena explorar la escalera al cielo en el sueño de Jacob. Dios quiere traer a cada creyente a un lugar de entrega total y permanente a Él porque es allí, en esa relación íntima, que descubrimos la voluntad de Dios.

Disciplinas espirituales vs. Disciplinado espiritualmente

Siempre que invito a las personas (incluyéndome a mí mismo) a priorizar y buscar la voluntad de Dios por encima de todo, la conversación se convierte rápidamente en fórmulas, ecuaciones, parámetros de programación y garantías. Queremos estar seguros de que si: (a) nos levantamos con un corazón alegre a las seis de la mañana; (b) pasamos quince minutos de «devocional» y (c) evitamos el chismorreo, la murmuración, la maldición y la rabia en el trayecto de nuestro día, recibiremos: (a) un «Bravo, bien hecho» por parte de los amigos y los miembros de la familia, (b) el elogio del cielo y (c) en general, una vida libre de molestias.

En otras palabras, si hago lo correcto, Dios me bendecirá. ¿Verdad?

Los ángeles saben algo que tal vez nosotros no sepamos: Ellos viven todos los días en la presencia del Todopoderoso; esa es su «fórmula» para el éxito.

No es tanto que los ángeles se la pasen practicando disciplinas espirituales; no los vemos celebrando reuniones de oración de una hora ni sentados solos o abandonando las indulgencias durante la Cuaresma. Por supuesto, no hay nada inherentemente malo con esas cosas, siempre y cuando señalen algo más. Ese «algo más» que *todas* las disciplinas deben señalar es el objetivo de ser espiritualmente disciplinado. ¿Lo ves? El enfoque no está en las disciplinas, sino en *ser disciplinado* en las cosas de Dios. El enfoque no está en los rituales ni en las rutinas, sino en la intención de reflejar a Cristo. Aquí es cuando los ángeles realmente brillan, pues como criaturas elevadas —muy cercanas al Creador— determinaron que la única manera de vivir su verdadero propósito es obedecer a Dios y cumplir sus objetivos. Ellos han hecho el conectar la gloria del cielo con las realidades del planeta Tierra su único objetivo en la vida.

Aquí tenemos algunos ejemplos prácticos para abrirte el apetito a medida que contemplas la vida en la presencia de Dios:

- Recientemente me paré en una señal de alto y noté que conocía a la joven pareja que estaba en el coche contiguo. Bajamos las ventanillas y charlamos, me dijeron que habían cancelado sus planes la noche anterior para dirigirse a la casa de un familiar a explicarle en términos claros la buena noticia del mensaje del evangelio. El domingo anterior, en la iglesia, habíamos hablado del evangelismo y el Espíritu Santo les reveló que Dios estaba trabajando en la vida de ese miembro de la familia. Así que la pareja, con esa nueva perspectiva, dejó todo y se unió a Dios en su trabajo.

- Un joven de nuestra congregación, que es aspirante a político, estudió los beneficios de ser parte de un fuerte y saludable matrimonio que involucre a un hombre y a una mujer; por lo que aprovechó su conocimiento recién descubierto mientras se ofrecía como voluntario para la campaña de un congresista local. Él vio lo que Dios estaba haciendo en las vidas de los esposos y las esposas que vivían en total entrega a Él; así que se puso a promover la obra de Dios instruyendo a los votantes sobre la verdad.

- Una mujer de nuestra congregación sabía que su patrón vivía apartado de Dios, pero vacilaba en cuanto a expresarle su fe porque temía que pusiera en peligro su buena posición en el trabajo. Además, como madre trabajadora atada económicamente y con horarios excesivos, tenía muchos problemas. Sin embargo, observó que su jefe recibía los papeles de divorcio en el mismo mes en que su padre falleció, por lo que ella sabía que Dios probablemente atraería al hombre a una relación con Él. La voluntad de la mujer era conservar su trabajo, pero la voluntad de Dios, que ella descubrió rápidamente, era una operación de rescate que involucraba a su jefe. Así que oró por valor, se introdujo en la conversación con cuidado y terminó siendo capaz de compartir su fe.

Esta es la obediencia a la voluntad de Dios. Nos alejamos de nuestras obligaciones y de nuestras listas de tareas por hacer para descubrir dónde está obrando Dios, para entonces dirigirnos a cumplir el llamado de Dios. Dios llama a la banda de ángeles los «vientos del cielo» en Daniel 8:8: «El macho cabrío cobró gran fuerza, pero en el momento de su mayor grandeza se le rompió el cuerno más largo, y en su lugar brotaron cuatro grandes cuernos que se alzaron contra los cuatro vientos del cielo». Tal como los ángeles, debemos ser tan rápidos en nuestra obediencia al Padre que seamos llamados «vientos de la tierra». Así que ¡corran como el viento para hacer la voluntad de Dios!

Hallar la voluntad de Dios es tan simple (¡y desafiante!) como perder nuestra voluntad día a día. En Mateo 16:24, Jesús nos insta a negarnos a nosotros mismos y a tomar nuestra cruz, lo que significa que, tal como los ángeles que están sobre nosotros y alrededor nuestro, decimos sí a Dios y no a nosotros mismos.

Con los pies apuntando hacia el sendero que honra a Dios

Al estudiar la totalidad de la participación angélica, como se observa a lo largo de la Escritura, descubrimos que a cada paso la hueste celestial de Dios ha estado apuntando los pies de la gente hacia el sendero que honra a Dios. Los ángeles estaban entre los israelitas y sus enemigos cuando Moisés abrió el Mar Rojo (Éxodo 14). El ángel del Señor derribó a las fuerzas asirias que amenazaban con alcanzar la ciudad de Jerusalén (2 Reyes 19). Un ángel sujetó la mano de Abraham cuando estaba a punto —en obediencia a Dios—, de matar a su amado hijo (Génesis 22), una historia que exploraremos más adelante en el capítulo tres. Un ángel le aseguró a Zacarías que a pesar de la edad de su esposa, la pareja tendría un hijo, Juan, y que la vida de este impactaría al mundo (Lucas 1). Fue el ángel Gabriel quien se presentó para decirle a una adolescente llamada María que concebiría al niño Jesucristo (Lucas 1).

Casi puedo imaginarme a los ángeles en esas e innumerables escenas más, dirigiendo divinamente el tránsito humano: «Tú, avanza. Tú, detente, *ahora*». Ellos existen enteramente para hacer conocer la voluntad de Dios e impulsar a la corona de la creación de Dios (que somos nosotros, todas las personas) *a llevar una vida acorde a esa voluntad*. Esta debe ser nuestra meta en la vida, porque el verdadero éxito es conocer y hacer la voluntad de Dios. Este es el legado y el destino que todos podemos vivir, luego nos vamos. En efecto, si tú y yo nos enfocamos en vivir un legado obedeciendo a Dios, no tendremos que preocuparnos del legado que dejamos. «La descendencia de los justos será bendecida», nos asegura Salmos 112:2. «La generación de los rectos será bendita». La actividad correcta: *obediencia*. Con la frecuencia correcta: *siempre*.

Algún día todos estaremos delante de Cristo

Al fin, los ángeles administrarán el juicio final. Todos los creyentes darán cuenta, un día, de las vidas que han llevado. Según la Palabra de Dios, los mismos ángeles jugarán un papel fundamental en esa escena. *Ellos* serán los que separarán a los que conocen a Cristo y los que no lo conocen. Mateo 13:39-42 dice:

El enemigo que la siembra es el diablo. La cosecha es el fin del mundo, y los segadores son los ángeles. Así como se recoge la mala hierba y se quema en el fuego, ocurrirá también al fin del mundo. El Hijo del hombre enviará a sus ángeles, y arrancarán de su reino a todos los que pecan y hacen pecar. Los arrojarán al horno encendido, donde habrá llanto y rechinar de dientes.

El Evangelio de Mateo 16:27 confirma el papel de los ángeles en el juicio final: «Porque el Hijo del hombre ha de venir en la gloria de su Padre con sus ángeles, y entonces recompensará a cada persona según lo que haya hecho».

Además, esto es lo que dice el Evangelio de Lucas: «Les aseguro que a cualquiera que me reconozca delante de la gente, también el Hijo del hombre lo reconocerá delante de los ángeles de Dios. Pero al que me desconozca delante de la gente se le desconocerá delante de los ángeles de Dios» (12:8-9).

Los ángeles conocen la realidad del juicio eterno. Ellos saben a dónde nos llevarán nuestros diversos caminos. Ellos saben que el juicio espera. Oh, cuán dulce será ese momento de juicio para aquellos que han vivido dedicados a Dios.

Me pregunto, ¿deseas cumplir el plan de Dios para tu vida? Si lo haces, como yo, entonces nos despertaremos por la mañana ansiosos por saludar a Dios y entregar nuestra voluntad a la de Él. Escucharemos como el Espíritu de Dios nos habla a través de la Biblia, su Palabra escrita. Haremos una pausa en toda nuestra tarea para decirle que lo amamos y que buscamos su consejo. Le daremos nuestra lista de tareas pendientes, confiando que sus maneras son mejores que las nuestras.

Solo entonces comenzaremos a caminar como los ángeles que, bajo la dirección divina, permanecen en un camino santo y celestial. Solo entonces puede Dios usarnos para destacarnos de modo positivo en la vida de las personas, ser el «ángel» que viene a entregarles un mensaje de verdad y gracia.

Una cosa es segura: Conocer el placer con Dios es conocer la crucifixión de nuestra ambición personal para vivir para su sagrado interés. Esta es la lección principal que dejó el impecable ejemplo de Jesús: vivir en completa entrega a la voluntad de Dios Padre. Recordarás que Jesús no tiene voluntad propia; más bien, de acuerdo a Juan 5:19: «Ciertamente les aseguro que el hijo no puede hacer nada por su propia cuenta, sino solamente lo que ve que su padre hace, porque cualquier cosa que hace el padre, la hace también el hijo». Por eso podemos mirar el ejemplo de Jesús con plena confianza de que nunca nos extraviaremos. Él no tenía que desconfiar de su carne, desconfiar de sí mismo, porque siempre estaba sometido a Dios. Él podía confiar plenamente en sí mismo porque su voluntad se había hecho efectivamente inactiva. La voluntad *del Padre* estaba guiando el camino y, cuando la voluntad de Dios obra, todas las cosas ayudan a bien.

Acudimos a Jesús porque solo Él es el Dios que una vez fue envuelto en carne humana y el que conecta a la gente con Dios. ¿Quién más puede mostrarnos lo que es obedecer a la perfección? Él es el eslabón de la escalera que conduce a la presencia de Dios. No debería sorprendernos que Juan nombre a *Jesús mismo* como la escalera en la que estaban los ángeles.

Cuando nuestro Señor se encontró con un hombre llamado Natanael, lo llamó, lo invitó al camino del discipulado y le dijo: «Ciertamente les aseguro que ustedes verán abrirse el cielo, y a los ángeles de Dios subir y bajar sobre el Hijo del hombre» (Juan 1:51).

Jesús es «el camino, la verdad y la vida» (Juan 14:6). Es la escalera que abre el único camino al cielo. La escalera que nos invita a ascender de la muerte y el infierno al cielo y la vida eterna.

3

Provisión

Cuando tienes necesidad

D ada la propensión a la rebeldía en ti, en mí y en cada otro miembro de la raza humana, la gracia viene a nosotros como una muy buena noticia. La gracia dice: «Puedes cometer un error. Puedes pedir perdón. Puedes arrepentirte y ser hecho nuevo. No tienes que ser perfecto, porque Dios ya sabe que hacer. Él te perfeccionará día a día mientras avanzas». Como dije, esta es una muy buena noticia. También es una noticia que los ángeles no pueden comprender.

Si eres uno que profundiza en las Escrituras y clasifica sus significados y temas, es posible que hayas notado que hay pruebas evidentes de que Dios ha permitido un claro plan de salvación que está a disposición de cada persona. Pero no hay plan de salvación para los ángeles. No tienen segundas oportunidades. Ni ocasiones para intentar de nuevo. Ni gracia.

Por lo que podemos decir, la decisión de la hueste celestial de seguir o abandonar a Dios se tomó después de la creación de los ángeles y fue un acontecimiento único y permanente. «Es ahora o nunca», les dijo Dios en esencia. «Ríndanse hoy a mí o, de lo contrario, aléjense para siempre».

Un tercio de los ángeles se apartó, basado en Apocalipsis 12:3-9, a favor de seguir al rebelde Lucifer, el «ángel oscuro», a su juicio eterno. (Esto significa, por supuesto, que dos tercios de los santos ángeles permanecieron allí mismo, ¡en la gloriosa presencia de Dios!) Esas decisiones tomadas en algún momento de la eternidad pasada fueron permanentes. Ningún ángel cambió su manera de pensar. Aquellos que abandonaron a Dios lo abandonaron *para siempre*; los que lo adoraban permanecen aún hoy completamente consagrados a Dios.

Son esos dos tercios restantes en los que me gustaría enfocarme, porque así como el ser seguidores es un estado permanente, Dios desea lo mismo para nosotros. No *quiere* que luchemos con el pecado y la tentación; no quiere que nos rebelemos. Quiere que caminemos con fidelidad en su luz pura, dependiendo de su gracia y su poder. Él quiere que pongamos nuestro egoísmo en el altar del sacrificio, dándonos totalmente a conocer y a hacer su voluntad. Él sabe que al decidir obedecerlo, la bendición y la provisión aparecen.

Tu voluntad y la mía

Pienso en Abraham e Isaac, la clásica historia del sacrificio, la de un padre dispuesto hasta a matar a su amado hijo por devoción a Aquel a quien servía. Es una historia de amor extraordinaria. Es la imagen de la entrega y el sacrificio completos. Génesis 22:2 dice: «Toma a tu hijo, el único que tienes y al que tanto amas».[1] Y con eso, Dios tuvo la atención completa de Abraham. *¿Tomarlo?, Dios. ¿Llevarlo a dónde? ¿Para hacer qué? ¿Y por qué?*

«Y ve a la región de Moria. Una vez allí, ofrécelo como holocausto en el monte que yo te indicaré».

Y Abraham hizo exactamente lo que Él le dijo. Génesis 22:3-4 dice:

Abraham se levantó de madrugada y ensilló su asno. También cortó leña para el holocausto y, junto con dos de sus criados y su hijo Isaac, se encaminó hacia el lugar que Dios le había indicado. Al tercer día, Abraham alzó los ojos y a lo lejos vio el lugar.

Entonces Abraham les dijo a sus hombres que él y su hijo iban a adorar a Dios, pero que volverían antes de no mucho tiempo. El simple viaje, por supuesto, iba a ser fatal; hasta donde Abraham sabía, el padre estaría sacrificando a su hijo. *Toma a tu hijo. Al que tanto amas. Y ofrécelo allí. Por mí.* Si alguna vez hubo una prueba de verdadera devoción, seguramente fue esta. Ningún padre en su sano juicio querría cumplir lo que Dios le estaba pidiendo a Abraham. Si tienes hijos, seguramente esto te relaciona con la terrible situación que Abraham enfrentó. ¡Él amaba a su hijo! ¿Por qué le pediría Dios que sacrificara al que amaba tan profundamente?

¿Amaba Abraham a Isaac demasiado? ¿Elevó al muchacho a una especie de ídolo? Isaac era el hijo de la promesa, el niño que Abraham y Sara habían esperado. El padre de Abraham era un idólatra (Josué 24:2) y, según la tradición judía, se ganaba la vida tallando y vendiendo ídolos de dioses falsos. Abraham habría crecido presenciando en persona la adoración a los ídolos. ¿Habría caído presa de permitir que la adoración de su hijo eclipsara la del Dios santo?

No podemos saber la respuesta porque la Biblia no lo dice específicamente. Así que nos queda preguntarnos: *¿Permitió Abraham que sus sentimientos por su hijo eclipsaran su devoción a Dios?* Es muy fácil caerle encima con dureza, excepto que yo habría hecho lo mismo. En el transcurso de mi vida, he

ÁNGELES

permitido que otras cosas tomen el lugar de Dios. He valorado todo —mi matrimonio, mi ministerio, mis preocupaciones, mis temores—, a través de los años. Y pienso que en cada giro Dios ha dicho: «Derriba todo ídolo. Debo ser el número uno en tu vida». Es entonces cuando me he vuelto a poner de rodillas y le he entregado *todo* a Él.

Eso ha sido cierto para mí en todo el camino, como lo fue para Abraham ese día: Cuando le damos nuestro todo a Cristo y rendimos lo mejor de nosotros a Él, vivimos en abundante bendición. «Abraham, demuéstrame que me amas tanto como dices que me amas. Dame tu posesión más preciada», lo incitó Dios, «y ve si —a cambio— no te bendigo poderosamente».

La bendición que todos anhelamos

Confío en que recuerdes cómo termina esta historia. La esencia de Génesis 22:6-19 es esta: Abraham llevó a su hijo al lugar que Dios le había pedido que fuera, y después de crear un altar improvisado y colocar madera encima, ató a Isaac y lo puso sobre el lecho de madera. Preparado para tomar la vida de su preciado hijo, Abraham alcanzó su cuchillo.

¿Puedes imaginarte lo que Isaac debió haber estado pensando, mientras yacía allí y observaba a su padre empuñar su cuchillo y alzarlo en el aire? Misericordiosamente, el chico no estuvo allí por mucho tiempo. Antes de que la hoja del cuchillo de Abraham pudiera hacer contacto con la piel de Isaac, un ángel del Señor llamó a Abraham y le dijo: «¡Abraham! ¡Abraham!» A lo que Abraham dijo: «Aquí estoy» (v. 11). Las lágrimas probablemente fluyeron por el rostro del anciano al ver que ¡Dios envió a un ángel al rescate!

El ángel habló de nuevo. «No pongas tu mano sobre el muchacho, ni le hagas ningún daño —le dijo el ángel—. Ahora sé que temes a Dios, porque ni siquiera te has negado a darme a tu único hijo» (v. 12). La lealtad de Abraham a Dios fue sellada. La vida de Isaac fue preservada.

El hecho es que Dios no quería tomar la vida de Isaac; quería la de *Abraham*: su entrega total. El texto continúa diciendo que Abraham entonces miró y vio un carnero trabado en un zarzal cercano, un carnero que estaba destinado para la matanza en lugar del amado hijo de Abraham. Y mientras lo ofrecía a Dios, le puso por nombre a ese lugar «El Señor provee» (v. 14). Me imagino que a través de los siglos, ninguna provisión ha sido tan dulce.

Los tratos del ángel con Abraham ese día concluirían con una promesa divina. Puesto que Abraham mostró su devoción a Dios, este le dijo:

> Te bendeciré en gran manera, y que multiplicaré tu descendencia como las estrellas del cielo y como la arena del mar. Además, tus descendientes conquistarán las ciudades de sus enemigos. Puesto que me has obedecido, todas las naciones del mundo serán bendecidas por medio de tu descendencia (vv. 17-18).

Puedes notar que este es un lenguaje de abundancia: todo esto habla de *añadir, multiplicar* y *bendecir.* Esto es lo que la obediencia hace: Nos pone en posición de recibir abundantes bendiciones de Dios. Es todo lo opuesto al efecto del pecado, que siempre se manifiesta en términos de *quitar, dividir* y *perder.* El pecado y el yo siempre nos roban la vida abundante, poniendo escasez en su lugar. Juan 10:10 nos recuerda que Jesús vino «para que tengan vida, y la tengan en abundancia», aun cuando el ladrón obra para robar, matar y destruir.

La elección de lo opuesto a la vida

Durante mis décadas como pastor, he visto tanto lo mejor de la gente como lo peor, el pináculo de su progreso y los escollos que les hacen tropezar. Sobre este tema del poder cegador y vinculante que Satanás puede ejercer en la vida de una persona, no puedo dejar de pensar en un líder joven y dinámico con el que serví hace años.

Estaba recién comenzando en el ministerio y pastoreaba una iglesia en Florida. El equipo que había reunido era apasionado en cuanto a compartir el evangelio y prometedor en términos de potencial de liderazgo. Así que tenía grandes esperanzas. Un diácono en particular, un hombre de unos treinta años como yo, se convirtió en mi amigo cercano bastante rápido. Teníamos niños de la misma edad y disfrutamos juntos, su familia y la mía. Su devoción por el Señor era evidente y contagiosa; durante los bautismos, por ejemplo, se sentaba en el asiento acostumbrado en la primera fila, su Biblia se abría en su regazo, sus ojos atentos al candidato al bautismo, sus labios pronunciaban una oración sincera. Su espiritual postura reverente y entusiasta tenía un efecto en cadena a lo largo de esas primeras filas mientras otros se inclinaban hacia ellos y también prestaban atención. Meses después, me pareció casi imposible reconciliar esa imagen de mi amigo con otra muy inquietante: el cuadro de la persona en la que se había convertido.

Una noche, mientras estaba en casa con mi esposa Deb y nuestros hijos pequeños, sonó el teléfono. Era la esposa de mi amigo, que llamaba a Deb con noticias desgarradoras. Su esposo había estado envuelto en una aventura extramatrimonial, empeorado por el detalle de que la «otra mujer» apenas tenía dieciocho años. La esposa del diácono estaba histérica mientras exponía los hechos, sorprendida por el cambio radical de un marido que había sido fiel, amoroso y verdadero.

Tan pronto Deb terminó la llamada, me metí en mi auto y me dirigí directamente a la oficina de mi amigo. Lo encontré allí y noté dos cosas antes de que ninguno de los dos pronunciara una sola palabra. Primero, su aura estaba fría. El individuo que había sido tan enseñable, tan flexible, tan discernidor y tan sabio era ahora un cascarón duro de hombre. Irradiaba terquedad y rabia. En segundo lugar, a pesar de que el sol se había puesto horas antes, él todavía llevaba gafas de sol. Los usó todo el tiempo que estuve allí.

Le rogué a mi amigo que recobrara el sentido, diciéndole que no era demasiado tarde para hacer lo correcto, pero no escuchó una sola palabra de lo que dije. Murmuró algo como «hacer lo que quiero».

En cuestión de días, mi amigo dejaría a su familia, a sus amigos, a su ministerio, a su ciudad natal y correría tras esa joven.

Eso fue hace treinta años, desde entonces no he oído ni una palabra de él.

Cuando insistimos en ser nuestro propio Dios

Mucho antes de que se desplomara a su muerte como un rayo, Lucifer era el líder de adoración del cielo. Isaías 14:11, refiriéndose a Satanás, dice: «Tu majestad ha sido arrojada al sepulcro, junto con el sonido de tus arpas. ¡Duermes entre gusanos, y te cubren las lombrices!» En Ezequiel 28:12-14 (RVR60), el texto menciona la fabricación de los «tamboriles y flautas» de Lucifer, referencias claras a los instrumentos musicales. Es en este mismo pasaje que Lucifer es llamado «el sello de la perfección», «acabado de hermosura», el «querubín grande, protector», y perfecto en todos sus caminos desde el día en que fue creado. Uno capta la sensación de que él era la preciada posesión del cielo y, sin embargo, no se puede negar que su adoración a Dios estaba comprometida por el orgullo y la arrogancia.

Al ver y sentir a Dios, en vez de permanecer en una postura de pura alabanza hacia su Creador, Lucifer decidió que quería algo más. Comenzó a adorarse a sí mismo y decidió que era demasiado grande para Dios. Mi amigo David Jeremías, al resumir la caída de Satanás, escribió:

Primero, Lucifer quería el lugar de Dios... Segundo, Lucifer quería la posición y la autoridad de Dios... Tercero, Lucifer estaba decidido a tomar la semejanza de Dios... ¿Cómo pudo haber ocurrido la historia de Satanás? ¿Cómo podría tal zambullida en la ruina ocurrir para alguien que era el «modelo de la perfección»?... Sabemos que la respuesta es: orgullo.[2]

El orgullo, como aludí en el último capítulo, lleva más allá de propia la voluntad. El orgullo dice: «Sí, sé que Dios tiene su voluntad, pero insisto en tener la mía». El orgullo empuja a la voluntad de Dios, exigiendo seguir su propio camino. (Se ha dicho con razón que el *ego* margina a Dios.)

El profeta Isaías escribe acerca de Lucifer:

Decías en tu corazón:
«Subiré hasta los cielos.
¡Levantaré mi trono
    por encima de las estrellas de Dios!
Gobernaré desde el extremo norte,
    en el monte de los dioses.
Subiré a la cresta de las más altas nubes,
    seré semejante al Altísimo».

Isaías 14:13-14

Así es como el maligno se convirtió en diablo: Quiso vivir como su propio dios. Y cuando se lo conto a Dios, este tenía algunas palabras que decir al respecto: «Puedes seguir tu propio camino. Puedes vivir por tu propia voluntad. Puedes apartarte de mi penetrante amor. Pero tus acciones tienen consecuencias. Y no son buenas».

Con Lucifer, un tercio de la hueste celestial fue echado fuera, una porción completa de seres creados que con descaro le dieron la espalda a Dios. En ese momento comenzó la guerra entre los que aman a Dios y los que se aman a sí mismos.

Nuestro orgullo y la provisión de Dios

Cuando el orgullo toma el control, cualquier pecado es posible y, en última instancia, el pecado toma el control. Necesitamos la bebida. Anhelamos la euforia de la droga. Merecemos un vicio o dos. Miramos todo lo que creemos que estamos ganando con nuestro pecado y con obstinación vanidosa nos negamos a arrepentirnos.

No quiero dejar de beber.

No quiero dejar de mentir.

No quiero acabar con la aventura.

No queremos dejar de hacer las cosas egoístas que estamos haciendo porque creemos erróneamente que ofrecen vida. Por supuesto, lo contrario es cierto; el pecado *siempre* conduce a la muerte, por lo que Dios dice: «Apártense de su pecado y confíen en mí».

Dios, que es bueno, quiere que vivamos en libertad y plenitud. Esa vida abundante, esperanzadora y prometedora, está a nuestra disposición cuando deponemos nuestro orgullo pecaminoso.

Un ejemplo digno de seguir

Avanza cincuenta generaciones desde Abraham, cuya historia ya vimos (Lucas 1:23-34), y te encontrarás en presencia de María. La madre de Jesús —a la que un ángel le informó que el niño Cristo sería concebido en su vientre por el Espíritu Santo y que ella lo daría a luz— por todas las cuentas, era solo una adolescente cuando recibió la noticia que estremecería el mundo. Estaba comprometida para casarse con José, y ¿ahora *esto*? ¿Qué dirían sus padres? ¿Qué pensarían los vecinos? ¿Qué haría José? Tenía toda su vida por delante. Un embarazo no estaba en sus planes.

Lucas 1:38 dice que en respuesta a ese giro milagroso de los acontecimientos, María respondió con humildad: «Aquí tienes a la sierva del Señor. Que él haga conmigo como me has dicho». En efecto, ella tomó todas sus esperanzas, sueños, expectativas y las colocó en un altar delante de Dios. Lo dio todo para convertirse en la bendita madre de Jesús.

Para Abraham, Dios proveyó el carnero y, para María, proveyó al Cordero. Y es este Dios, «el que no escatimó ni a su propio Hijo, sino que lo entregó por todos nosotros», según Romanos 8:32, el que todavía nos da todas las cosas gratuitamente. Cuando no retenemos nada de nuestro Padre, nuestro Padre no retiene nada bueno de nosotros. «Porque sol y escudo es Jehová Dios», dice el Salmo 84:11 (RVR60). «Gracia y gloria dará Jehová. No quitará el bien a los que andan en integridad». Para los justos, Dios *siempre* provee.

Todo lo que tengo es tuyo

Permíteme una reflexión final sobre el relato de Génesis que involucra a un padre obediente, temeroso de Dios, y a un hijo obediente. Te darás cuenta de que el ángel del Señor detuvo la mano de Abraham solo después de que quedó claro que la devoción de Abraham a Dios era intachable y absoluta.

El ángel vio a Abraham dirigir a Isaac hacia el monte y, aun así, no intervino.

El ángel vio a Abraham preparar el altar a Dios, usando vigas de madera y palos, y aun así no intervino. El ángel vio a Abraham colocar a su amado hijo en el altar improvisado y no intervino.

El ángel vio a Abraham atar a su hijo con cuerdas y restricciones y, aun así, no intervino.

El ángel vio a Abraham desamarrar su cuchillo y sostenerlo firme en alto, y aun así —*incluso entonces*— no intervino. ¿Hasta dónde llegaría esa prueba de obediencia? ¡Un muchacho inocente estaba a punto de morir!

Es como si Dios estuviera susurrando desde su lugar en el cielo: *¿Confías en mí ahora? ¿Ahora? ¿Incluso ahora? ¿Crees que te daré todo lo que necesites? ¿Que puedo satisfacerte como nada más puede?*

Por su firme obediencia al plan de Dios —«Toma a tu hijo, el único que tienes y al que tanto amas, y ve a la región de Moria. Una vez allí, ofrécelo como holocausto en el monte que yo te indicaré»—, Abraham respondió a Dios con un rotundo sí.

¡Sí, confío en ti, Padre!

Sí, creo que proporcionarás todo lo que necesito.

Sí, sé que solo tú me puedes satisfacer.

Sí, llevaré a cabo lo que has pedido.

A su modo, todos los años anteriores, Abraham anticipó las palabras de la joven María: «¡Yo soy tu siervo, Padre! Hágase conmigo conforme a tu palabra». Entonces —y solo entonces— el ángel intervino.

Pienso en ese ángel que detuvo el brazo de Abraham con el cuchillo mientras lo hacía descender. Pienso en la alegría que el ángel debió haber sentido, ¡poder presenciar una adoración pura y ser el encargado de entregar la recompensa de Dios! Me imagino que ese ángel se sentía como en casa cuando observó la fidelidad de Abraham aquel día. Los ángeles nunca retienen *nada* de Dios; su devoción siempre es pura.

De esa manera, los ángeles reflejan nuestro futuro donde, como hemos discutido, solo una voluntad —la de Dios— está en juego. Ellos nos muestran algo de la realidad hacia la que nos dirigimos, una en la que ya hemos derribado todos los ídolos, donde somos puros de corazón en nuestra adoración a Dios. Y hasta entonces, practicamos tal fidelidad. Seguimos diciendo que sí a Dios. Hacemos eco de Abraham y María: «¡Soy tuyo, Padre! Hágase conmigo conforme a tu palabra. Todo lo que tengo es tuyo».

Es cuando nos despojamos que recibimos las bendiciones abundantes de Dios.

4

Confianza

Cuando eres dirigido por el Espíritu

Una de mis historias favoritas en toda la Escritura aparece en Hechos 8, donde a un discípulo de Jesús —Felipe— le fue dicho por un ángel que saliera de Jerusalén y se dirigiera hacia el sur a un lugar desierto en Gaza. Felipe y varios de sus amigos habían estado ministrando en el nombre de Cristo a la gente samaritana en pueblos cercanos, viendo vidas transformadas por todas partes. Así que cuando el ángel sugirió el brusco cambio de dirección, debió ser desconcertante para él. ¿Por qué iba a abandonar su campo misionero actual cuando sus esfuerzos tenían tan grandes frutos? Sin embargo, la instrucción del ángel era clara: «Deja lo que estás haciendo. "Ponte en marcha hacia el sur". Ahora mismo».

Hechos 8:27 dice que en respuesta a esas instrucciones inusuales, Felipe hizo dos cosas sencillas: se levantó y fue. ¡Cómo me encanta la persona que escucha a Dios! Volveré a ese tema en un momento, pero primero, observa cómo se desarrolló esta historia.

Felipe se dirigió hacia el sur y, en el camino, encontró a un funcionario de la corte etíope que trabajaba para la reina de su pueblo; de hecho, ese hombre estaba a cargo de la inmensa riqueza de la reina. Hechos 8 nos dice que ese eunuco había estado en la ciudad de Jerusalén para adorar a Dios —un viaje común para los judíos en esos días— y ahora estaba regresando a casa. Mientras iba sentado en su carruaje tirado por caballos, estaba leyendo el Antiguo Testamento —los escritos del profeta Isaías, para ser exactos— y fue entonces cuando Dios le dijo a Felipe: «Acércate y júntate a ese carro».

Basado en la rápida obediencia de Felipe a la instrucción inicial del ángel de ir a Gaza, no sorprende que de nuevo se apresurara a cumplir. Cuando se acercó al carro, le dijo a esa alma que buscaba: «¿Acaso entiende usted lo que está leyendo? ¿Y cómo voy a entenderlo —contestó— si nadie me lo explica?» (vv. 30-31). El eunuco entonces invitó a Felipe a reunirse con él en su carro para que le explicara las Escrituras y responder las preguntas que tenía acerca de la fe.

Felipe le habló al hombre acerca de Jesús, acerca del don de la gracia del Mesías, acerca de la nueva vida que podría ser suya, si solo ponía su fe y su confianza en Cristo. Alrededor de ese tiempo, los dos hombres se acercaron a un poco de agua —un oasis divinamente colocado en el camino del desierto—, y el nuevo creyente dijo: «Mire usted, aquí hay agua. ¿Qué impide que yo sea bautizado?» (v. 36).

La respuesta era *nada*. Nada le impedía ser bautizado, en ese momento y allí mismo. El eunuco había confiado en Jesús el Mesías para que lo salvara de sus pecados; así que Felipe bajó del carro y bautizó a ese nuevo seguidor de Cristo, quien entonces «siguió gozoso su camino» (v. 39).

El porqué de la instrucción divina

Quiero volver al comentario que hice en cuanto a admirar a cualquier hombre o mujer que escucha y obedece los impulsos de Dios. No hay nada más importante para un cristiano que escuchar los impulsos de Dios y obedecerle con rapidez. En este relato de Felipe y el tesorero de la reina, hallamos una ilustración dinámica de una vida obediente, llena del Espíritu. Cristo llamó a Felipe para que le siguiera. Él caminó con Jesús días, semanas y meses, escuchando su voz, su sabiduría y aprendiendo sus caminos. Él creía en el Cristo resucitado y, debido a que aprovechó las oportunidades para ministrar en el nombre de Jesús, era parte importante de la revolución que causó la resurrección en el primer siglo. Felipe vio que la iglesia estaba creciendo, el evangelio avanzaba y las vidas se estaban transformando. Y así, cada vez que Dios le pedía que corrigiera un poco su curso aquí o allí, inmediatamente decía: «Claro que sí».

Sé que de vez en cuando (o, dependiendo de tus circunstancias, tal vez incluso *todo* el tiempo) puedes sentir como que la vida es un círculo interminable en el que obtienes educación para conseguir un trabajo para recibir un sueldo para poder pagar el alquiler, el auto y los alimentos para tener comida en la mesa a fin de poder ir a la cama con el estómago lleno para poder dormir bien, levantarte al día siguiente y hacerlo todo de nuevo. Pero en esta historia, vemos que la vida es mucho más que todo eso. *La vida está siendo guiada por el Señor.* Es entregarnos a la libertad que se encuentra exclusivamente en Cristo para que podamos ser parte del grupo de trabajo equipado para liberar a otras personas. Dios ha llamado a *cada* cristiano a cumplir su propósito de presentar a Jesucristo a tantas personas como sea posible.

Un ejemplo literal de esta idea se documenta en el libro de Hechos, solo tres capítulos antes del relato de Felipe. Los

ÁNGELES

seguidores de Jesús predicaban la resurrección, ministraban a los heridos, realizaban milagros y encendían la iglesia para la evangelización mundial, pero no todos estaban de acuerdo. Un grupo de radicales religiosos decidió poner fin a la propagación del evangelio, que en su opinión amenazaba su autoridad, y así comenzaron las detenciones de los apóstoles. Los que amaban a Dios fueron arrojados a la cárcel, abandonados al olvido hasta que llegaba su día de ejecución. La persecución se convirtió en una forma de vida para los cristianos. Las autoridades arrestaron a Pedro y a Juan, y los golpearon y los encarcelaron.

Una noche, mientras los hombres estaban sentados en el frío suelo de la prisión, encadenados a los corpulentos guardias que se suponía debían observarlos, un ángel de Dios abrió la puerta de la cárcel y, según el texto, «los sacó» (Hechos 5:19). El ángel les dijo a los hombres: «Vayan, preséntense en el templo y comuniquen al pueblo todo este mensaje de vida» (v. 20). Que es exactamente lo que hicieron los apóstoles: entraron en el templo de Dios y continuaron con la misma enseñanza que los había llevado a la cárcel para empezar.

Lo que los ángeles pueden y no pueden hacer

Esta escena de la Escritura siempre me ha fascinado porque muestra tanto el poder sin precedentes como la innegable impotencia del reino angélico. Primero, su poder. Vemos en este episodio la habilidad del ángel del Señor para irrumpir a través de barreras hechas por hombres sin esfuerzo alguno. Es como si las paredes de esa prisión estuvieran hechas de mantequilla, no de ladrillo, lo cual no debería ser tan sorprendente si se tiene en cuenta las cosas que vemos a los ángeles hacer en otros relatos bíblicos. Les cerraron la boca a los leones (Daniel 6); rodaron una piedra pesada (Mateo 28); soltaron gruesas cadenas (Hechos 12), tenían poderes que los superhéroes solo podrían soñar. Los ángeles son muy poderosos pero nunca deben ser adorados. Por ejemplo, cuando el apóstol Juan fue tentado a caer a los pies del ángel que le ofreció la visión del nuevo cielo y la nueva tierra en Apocalipsis 19, el ángel le reprendió diciendo: «¡No, cuidado! Soy un siervo como tú y como tus hermanos que se mantienen fieles al testimonio de Jesús. ¡Adora solo a Dios!» (v. 10).

Los ángeles son seres espirituales poderosos que llaman la atención. No son querubines delicados, sino creaciones gloriosas llamadas a la adoración y a la guerra en el poder de Dios todopoderoso. Pero es crítico notar que a pesar de sus innumerables atributos sorprendentes, como aludí en el capítulo tres, *no todo es para ser hecho por ellos.*

Hay al menos una cosa crítica que los ángeles no pueden hacer ni harán, que es testificar de la gracia salvadora de Jesús en sus propias vidas. Los ángeles testifican de la gloria y la creación de Dios, pero Dios nos ha llamado a ti y a mí a dar testimonio de la gracia de Dios. ¿Por qué más habría dicho el ángel del Señor a los apóstoles recién liberados que se dirigieran corriendo al templo? Si el mismo ángel hubiera podido hacerlo, ¿no lo habría hecho? Si pudiera haber compartido el mensaje del evangelio, ¿no lo habría hablado allí mismo? El ángel ordenó a Pedro y a Juan que fueran a hacer lo que él no podía hacer: hablar las palabras de vida.

En efecto, aunque hay muchas cosas maravillosas que los ángeles pueden hacer, no pueden unirse a la canción que aquellos que hemos probado la gracia estamos absolutamente obligados a cantar. El himnólogo del siglo diecinueve Johnson Oatman, escribió el himno «Santo, santo, es lo que cantan los ángeles» (1894), el cual concluye en esa misma línea. Dice así:

> Así que, aunque no soy un ángel,
>   Sé que allí estaré
> Me uniré al bendito coro

ÁNGELES

Que los ángeles no pueden compartir;
Cantaré acerca de mi Salvador,
Quien sobre el oscuro Calvario
Perdonó mis transgresiones,
Murió para liberar a un pecador.

Sigo una cuenta de Twitter que publica citas de Charles Spurgeon casi todos los días y, la que sigue, surgió cuando estaba trabajando en este capítulo: «Un alma en conversación con Dios admira a los ángeles». Se nos ha dado algo que los ángeles nunca han experimentado: el perdón de nuestros pecados. En la cruz, los ángeles se sorprendieron por el amor de Dios mostrado por Jesús para el pueblo pecador. Los ángeles solo pueden admirar lo que Dios ha hecho al salvarnos y dar vida eterna a todos los que creen. Es verdad, por lo tanto, que Dios ha encargado al pueblo, no a los ángeles, a que lleven la buena noticia hasta los confines de la tierra. Dios pudo haber escrito su mensaje en el cielo, o haberlo transmitido a través de un ángel majestuoso, *pero nos escogió a nosotros*. Somos los llamados a proclamar su maravillosa gracia. Nunca debemos esperar que un ángel haga lo que Dios nos ha dicho que hagamos.

Crecí en Conway, Arkansas, cincuenta kilómetros al norte de Little Rock y adyacente al ferry Toad Suck, y fue allí donde entregué mi vida a Jesucristo. Yo era un niño de solo seis años de edad, cuando un evangelista itinerante llegó a la ciudad, armó una gran tienda y dirigió una campaña de una semana. Fui criado por unos padres que amaban a Dios y hablaban libremente conmigo del evangelio y de las historias impresionantes en la Biblia; de modo que cuando mis amigos y yo nos dirigíamos a esa tienda cada noche, reconocía los temas que se predicaban. ¡Y mire que J. Harold Smith sabía predicar! Si se pudiera derramar literalmente el corazón cuando se está predicando, el predicador Smith lo habría hecho. Se dedicó a que todos en nuestra comunidad comprendieran que Jesús murió para salvarnos de nuestros pecados y que resucitó para darnos la vida eterna, y a los seis años lo entendí. Confié en Jesús como mi Salvador y Señor ese día.

Algunos cínicos pueden pensar que las conversiones en la niñez son sospechosas —*¿Entiende realmente el niño la enorme decisión que está tomando?*—, sin embargo, Jesús dijo: «Les aseguro que a menos que ustedes cambien y se vuelvan como niños, no entrarán en el reino de los cielos» (Mateo 18:3). Ciertamente, no podía comprender la magnitud de lo que significaba «entregar mi vida a Cristo», dado que solo había tenido vida por seis años. Pero aquel día me dirigí al frente de aquella tienda y profesé mi fe. Comencé a seguir a Jesús y no ha habido vuelta atrás.

Volví a Conway hace poco y decidí dirigirme al lugar exacto en el que se había llevado a cabo aquella campaña en una tienda décadas atrás. Me paré en el mismo punto donde había estado cuando era un niño de seis años, y le di gracias a Dios por cuidar a un niño pequeño en Arkansas y por llamarme a su familia esa noche memorable. Ese lugar es mi Betel, «casa de Dios», el lugar donde me hice suyo.

Me di cuenta, cuando volví a Dallas unos días más tarde, que he estado contando la historia de mi conversión a los seis años de edad por más de cinco décadas, a todos los que me escuchen. Me encanta hablar sobre cómo comenzó todo para mí y de la manera en que mi fe me ha sostenido en cada paso a lo largo del camino. Si eres una persona de fe en Cristo, sabes exactamente lo que quiero decir. Es probable que tu rostro se ilumine cada vez que tienes la oportunidad de hablar de quién eras antes de conocer a Cristo y de cómo ha cambiado tu vida. Necesitamos esas historias, ¿verdad? Historias de transformación, rendición y esperanza. Colosenses 1:27 dice que la esperanza máxima —«la esperanza de gloria»— es Cristo en nosotros. Y si alguna vez hubo un momento en que nuestro mundo podría usar un poco de esperanza, es ahora. Y así vamos. Nos levantamos temprano en la mañana y pasamos tiempo en oración. Estudiamos las Escrituras y buscamos las promesas de Dios. Escuchamos el susurro del Espíritu Santo, ansiosos por obedecer. Nos dedicamos a la adoración colectiva, ganando fuerza en compañía de los creyentes cuando la vida nos ha dejado sintiéndonos débiles. Rechazamos una existencia superficial, optando por cosas sobrenaturales. Luego, con alegría y confianza, compartimos nuestra historia de cómo Dios nos encontró y cambió nuestras vidas. Qué privilegio hacer lo que los ángeles solo pueden admirar: testificar del poder de Jesús en nuestras vidas.

Bienaventurados los pies

Romanos 10 (RVR60) nos explica con claridad cómo es salva una persona. El apóstol Pablo comienza con un recordatorio en el versículo 13, el cual es que «todo aquel que invocare el nombre del Señor, será salvo», y entonces va explicando paso a paso cómo ocurre esa salvación:

> ¿Cómo, pues, invocarán a aquel en el cual no han creído? ¿Y cómo creerán en aquel de quien no han oído? ¿Y cómo oirán sin haber quien les predique? ¿Y cómo predicarán si no fueren enviados? Como está escrito: ¡Cuán hermosos son los pies de los que anuncian la paz, de los que anuncian buenas nuevas! (vv. 14-15).

Así que ya sabes por qué los pies de Felipe eran tan necesarios para la conversión del eunuco. Aquellos que amamos a Dios y que estamos comprometidos a centrar nuestras vidas en Él, compartimos nuestra fe para que los demás lleguen a la fe. Y según Romanos 10, otros llegan a la fe creyendo en la obra terminada de Jesucristo. Ellos creen en la obra de Jesucristo cuando escuchan primeramente acerca de la cruz. Escuchan de ella por medio de alguien que les cuenta sobre la muerte sacrificial de Jesús, el entierro definitivo y la resurrección victoriosa. Nosotros hablamos las palabras de vida. De eso se trataba ese mensaje angélico a los apóstoles encarcelados —y a nosotros hoy—: «Id, y nunca dejéis de hablar de Jesús que es el camino, la verdad y la vida» (ver Hechos 5:20; Juan 14:6).

Depende de ti y de mí —y de todos los que quieran cambiar su plan diario e ir dondequiera que el Espíritu le diga, incluso a perseguir un carruaje que vaya por el desierto— que demos a conocer el amor de Dios. Los ángeles pueden estar pavimentando el camino, pero solo nosotros podemos anunciar las buenas noticias.

Lo diré de nuevo: Somos el Plan A de Dios para difundir el evangelio. Solo tú y yo tenemos los pies a los que el apóstol Pablo se estaba refiriendo: hermosos pies encargados de anunciar las buenas nuevas de Dios, que es por lo que veo a las huestes del cielo retorciéndose las manos cuando no obedecemos a Dios y vamos en el nombre de Jesús. Los ángeles que le sirven alegremente día y noche deben asombrarse cuando somos perezosos e indiferentes en nuestra tarea de compartir la gracia de Dios.

Mi hija, Kelly, y su esposo, Jason, estuvieron orando por un niño algún tiempo. Deb y yo ya teníamos cuatro nietos de nuestros dos hijos, pero Kelly todavía estaba esperando tener uno. En un momento dado, ella y Jason pidieron a toda nuestra familia que orara para que tuvieran su hijo, y así lo hicimos. Oramos apasionadamente, con fervor y de forma muy congruente para que esa maravillosa pareja pudiera tener hijos. Y no sabes que durante mi descanso de verano el año pasado, recibimos la noticia de que una mujer muy feliz estaba encinta; y lo mejor de todo es que estaba embarazada de gemelos.

Ahora tenemos dos niños pequeños en nuestra familia que nos traen alegría todos los días.

Pienso en la sonrisa que no podemos borrar de nuestros rostros y en lo apropiado que es que nos alegremos y que celebremos cada vez que una familia es bendecida y se expande. Así debe ser también en nuestra familia espiritual. A medida que nuevos creyentes se unen a nuestra multitud de familias dedicadas a Cristo, debemos sentir una sensación de puro deleite. La Biblia nos dice que los ángeles celebran cuando incluso una persona llega a la fe en Cristo; por tanto, debemos reaccionar de la misma manera. Vayamos, porque ir salva vidas. Y luego festejemos por las vidas que se salvan ya que es a través de esas vidas salvadas que nuestra familia espiritual se expande.

«¡Ve! ¡Ve! ¡Ve!»

Hace tiempo, cuando todavía existía la Liga de Futbol Americano (AFL, en inglés), el Super Tazón (o Super Bowl) se jugaba entre los campeones de esa liga, y las conferencias del este y del oeste de la NFL (siglas de National Futbol League). Pero en 1967, nadie se preocupó por el Super Bowl, dado lo que ocurrió en el juego del campeonato de la NFL. La contienda fue una revancha del partido de campeonato de la NFL de 1966 entre los amados Dallas Cowboys (aplaude) y los odiados Green Bay Packers, y enfrentaría a dos futuros entrenadores del Salón de la Fama, Tom Landry y Vince Lombardi. En la patada inicial, la temperatura en la superficie de juego del estadio Lambeau Field era de menos veintiséis grados centígrados, con el factor de viento frío sumergiendo esa cifra a casi cuarenta y seis bajo cero. Los radiodifusores comenzaron a referirse a la situación como el Ice Bowl, porque una vez que el juego empezó y la sombra cayó más y más sobre el campo, la humedad que había estado en la superficie se congeló tanto que se convirtió en una lámina de hielo. La leyenda dice que, en efecto, estaba tan frío

que las bandas de los colegiales programadas para tocar durante el medio tiempo no pudieron cumplir su responsabilidad
porque en los calentamientos previos al juego, los instrumentos
de metal se les pegaban a los labios de los músicos. Lo mismo
sucedió con los árbitros y sus silbatos de metal, aunque tenían
que seguir adelante.

Fue en contra de ese frío telón de fondo que vi a mis Cowboys a una ventaja mínima de 17-14. Finalmente, íbamos a
anotar el gran triunfo. Yo tenía diecisiete años y aún recuerdo
la euforia. Pero no duraría mucho; inexplicablemente, los Packers recuperaron la pelota y comenzaron a tejer jugadas por
el campo de juego. Terminaron en la línea de una yarda de los
Cowboys y alinearon con primero y un gol. Intentaron un par
de jugadas corrientes pero fallaron, y ahí fue cuando comencé
a gritarle a la televisión: «¡Tercero y gol! ¡Vamos, Cowboys!
¡Deténganlos, deténganlos, deténganlos!»

Quedaban diecisiete segundos en el reloj. ¿Correrían los
Packers o lanzarían? Todos mantuvieron el aliento cuando el
mariscal de campo de los Packers, Bart Starr, pidió la jugada.
Iba a ser una jugada de cuña, un mariscal de campo que se
escondía justo detrás del centro y el guardia. Ese guardia era
Jerry Kramer, y más tarde explicaría que estaba orando con
todas sus fuerzas para que Starr no lo llamara por su número.
Estaba helado. Estaba agotado. Era casi el final del juego. No
tenía nada en sus piernas y estaba seguro de que no podía hacer
otro bloque. Pero entonces llegó la llamada: Starr le pidió a
Kramer que hiciera el gran bloque.

Cuando Kramer pensó que no podía dar otro paso, oyó a
la multitud comenzar a cantar: «¡Ve! ¡Ve! ¡Ve! ¡Ve!» Los gritos
se elevaron como una ola estruendosa a través de la llanura.
«¡Ve, ve, ve, ve, ve, ve, ve!» Sesenta mil fanáticos delirantes,
todos diciendo: «¡Ve!», aunque el cuerpo de Kramer le rogaba:
«¡No!»

Mientras la multitud seguía —¡Ve! ¡Ve! ¡Ve! ¡Ve! ¡Ve! ¡Ve!— Kramer se agachó en su posición de tres puntos y de alguna manera invocó la fuerza para hacer ese bloque clave. Starr corrió por la zona final y los Packers ganaron, 21-17.

Fue un día muy triste.

Sin embargo, a pesar del malestar, ¿no te gusta esa multitud animándote? Hay una lección espiritual aquí para ti y para mí. A medida que pasamos nuestras vidas siendo sal y luz para un mundo soso y oscuro, debemos recordar la hueste celestial que nos rodea, animándonos: «¡Ve! ¡Ve! ¡Ve!»

«¡Ve!», nos animan cuando tenemos la oportunidad de bendecir a alguien en el nombre de Cristo.

«¡Ve!», nos animan cuando vemos la oportunidad de pronunciar una palabra alentadora.

«¡Ve!», nos animan cuando es apropiado compartir nuestra historia de fe con alguien que vive lejos de Dios.

«¡Ve!», nos animan cuando descubrimos una necesidad urgente y nos damos cuenta de que tenemos los recursos ideales para satisfacerla.

Cada vez que consideremos apartar nuestro propio interés y servir a los intereses de otra persona, siempre que renunciemos a hacer nuestra vida y, en vez de eso, hacerle el día a alguien; cada vez que rechacemos el cansancio e invoquemos la fuerza para amar a otros, en estas y otras mil situaciones nobles, toda la hueste celestial ha de gritarnos: «¡Ve!»

Y así lo hacemos. Vayamos con plena confianza en Cristo, sabiendo que su voluntad, sus caminos y su guía son mejores que lo que podríamos soñar. Vayamos confiando en que nuestro Dios bueno está trabajando en este mundo y que está ansioso de que participemos en él.

Segunda parte

La protección de los ángeles mientras soportas los golpes de la vida

¿No es razonable esperar que a medida
que la actividad demoníaca aumenta
—mientras estamos cerca del día del regreso
del Señor—, la actividad angelical también aumente?
—David Jeremiah

5

Consuelo

Cuando tienes miedo

A mediados de los años sesenta, la década del amor libre y de los hippies sin iglesia, un programa de televisión que estaba «destinado al fracaso» hizo su debut en Navidad. Charles M. Schulz, creador de la Pandilla de Charlie Brown, animó a sus personajes y los envió con una gran tarea: *Recordarle a la gente el verdadero significado de la Navidad.* Schulz quería hablarle a la gente que no tenía interés en Dios acerca del nacimiento de Jesucristo.

A pesar del respaldo que la Compañía Coca-Cola le brindó al show, todos en Hollywood creyeron que sería un fracaso. No había ni pisca de humor. Se contrataron actores infantiles. Y la banda sonora era un tipo de música de jazz, en vez de la grabación estándar. *La Navidad de Charlie Brown* se transmitió en diciembre de 1965 ante dieciséis millones de espectadores y, en 2005, en el cuadragésimo aniversario del show, lo que todo el mundo había predicho que sería un desastre ocupó el primer lugar de preferencia. Un desastre, no, no lo fue. Es más, el tierno programa de Navidad ha ganado un Emmy, un Premio Peabody y los corazones de todos los estadounidenses, y además (¡lo más escandaloso!) ha proclamado abiertamente y sin vergüenza la historia bíblica del nacimiento de Jesucristo. Es probable que hayas visto *La Navidad de Charlie Brown* y, como yo, quizás no pudiste evitar sonreír. Hay algo refrescante cuando encontramos la verdad en la vida cotidiana. Esperamos hallarla en los cultos de adoración dominicales en la iglesia, cuando abrimos nuestras Biblias para leer, pero ¿la verdad en la televisión, hablada por niños y niñas en dibujos animados? Es sorprendente en su cotidianeidad. Dios es un admirador de este enfoque.

Una noche extraordinariamente ordinaria

Quizás el encuentro angelical más magnífico en toda la Escritura es capturado por ese famoso texto leído por el amigo de Charlie Brown. Debes recordar esa escena final. Frustrado por la comercialización de la Navidad en el mundo, Charlie Brown levanta los brazos y dice: «¿No hay nadie que sepa de qué se trata la Navidad?» A lo que Linus responde: «Claro, Charlie Brown. Puedo decirte lo que es la Navidad». Linus entonces toma el centro del escenario en el programa de Navidad que la pandilla está montando y dice: «Luces, por favor». El foco cubre a Linus mientras recita de memoria las palabras de Lucas 2:8-14:

> En esa misma región había unos pastores que pasaban la noche en el campo, turnándose para cuidar sus rebaños. Sucedió que un ángel del Señor se les apareció. La gloria del Señor los envolvió en su luz, y se llenaron de temor. Pero el ángel les dijo: «No tengan miedo. Miren que les traigo buenas noticias que serán motivo

de mucha alegría para todo el pueblo. Hoy les ha nacido en la Ciudad de David un Salvador, que es Cristo el Señor. Esto les servirá de señal: Encontrarán a un niño envuelto en pañales y acostado en un pesebre».

De repente apareció una multitud de ángeles del cielo, que alababan a Dios y decían:

«Gloria a Dios en las alturas,
  y en la tierra paz a los que gozan de su buena
  voluntad».

Cuando el pequeño termina su discurso, agarra su manta y sale del escenario a la izquierda. «De eso se trata la Navidad», dice mientras se acerca a su atónito amigo.

Y de hecho lo es.

¡Esta es una escena magnífica! E igualmente grande es el versículo que sigue, porque en Lucas 2:15, leemos: «Cuando los ángeles se fueron al cielo, los pastores se dijeron unos a otros: "Vamos a Belén, a ver esto que ha pasado y que el Señor nos ha dado a conocer"». Cuando aquellos ángeles entonaron el cántico del cielo, los que lo escucharon fueron impulsados a actuar. Simplemente *tenían que llegar a ese bebé, Jesucristo*. Afirmo que lo mismo vale para nosotros: cuando tú y yo, fielmente, entonamos melodiosamente el cántico del cielo ante un mundo que escucha, los oyentes no pueden evitar precipitarse a adorar a nuestro Señor.

Esperanza para los desesperanzados, ayuda para los desamparados

Hace poco conocí a un señor en un desayuno de oración para hombres organizado en nuestra iglesia, que vivía en Florida, pero estaba en la ciudad visitando a su hija y a su yerno. Se me acercó después de la reunión y me dijo: «Este lugar cambió al esposo de mi hija hace unas semanas. No es el mismo». Extendió su mano para estrechar la mía y me brindó una sonrisa ahogada, gestos que me dijeron que el cambio había sido bueno, no malo. «Mi yerno fue salvo aquí un domingo por la mañana hace tres semanas», continuó el hombre, «y la ira, el consumo de alcohol, la desconexión de los niños... Ahora es un hombre diferente, pastor Graham». Cada semana escucho historias como esta, historias de vidas radicalmente cambiadas. De adictos que ahora están siendo liberados. Estaban condenados al ostracismo, pero ahora están descubriendo la comunidad. Estaban enfadados, pero de alguna manera están encontrando paz. Este es el poder del evangelio para los que se están perdiendo; la gracia de Dios da nueva vida a todos los que la piden.

Cada vez que recordamos al mundo que nos observa que hay esperanza para los desesperanzados, ayuda para los desamparados, sanidad para los enfermos, amor para todos, estamos entonando el cántico del cielo. Todas las personas que nos encontramos están subiendo una colina —sea una colina financiera, una colina emocional, una colina relacional, una colina con la salud, una colina con el empleo, una colina de identidad, una colina de dolor y más, e independientemente del tamaño de la montaña que se ha levantado delante de ellos, necesitan saber que hay una cumbre adelante, y que la vista desde allí es insuperable.

Eso fue indudablemente cierto el día en que los ángeles aparecieron ante aquellos pastores, hombres que luchaban con los desafíos de la vida cotidiana, tal como lo hacemos en nuestro mundo del siglo veintiuno. Ser pastor no era un trabajo fácil. Había noches frías, salarios bajos, separación de familiares y amigos mientras vigilaban los rebaños asignados. Esos pastores en particular, que estaban estacionados justo fuera de Belén, probablemente criaban ovejas para ser usadas en los sacrificios del templo, lo que añadía una carga adicional a su trabajo. Las ovejas tenían que ser impecables para ser aptas para el sacrificio; a pesar de las condiciones deficientes, esos hombres sabían que la excelencia en su papel era necesaria.

Fue a esos hombres que los ángeles se les aparecieron, hecho que sucedió por la noche (Lucas 2:8), un detalle que no se nos debe pasar por alto ni a ti ni a mí. ¿No es frecuente acaso que encontremos las puertas de la conversación espiritual abiertas de par en par cuando alguien está soportando una noche oscura del alma? He tenido incontables ocasiones en las que traté en vano de hablar con un amigo, un vecino o un comerciante sobre las cosas de Dios, solo para ser evitado; hasta que el mundo se les vino abajo. Cuando se reciben los papeles del divorcio o el chico huye o el cáncer vuelve o el aviso de ejecución hipotecaria es anunciado, cuando estas y otras mil noches oscuras caen, es entonces que la gente (¡nosotros mismos!) tiene oídos para escuchar. Y entonces podemos entonar el cántico del cielo.

Las estrofas de nuestro cántico

Entonces, ¿qué palabras entonamos? Tomamos nuestra señal del mensajero angélico que iluminó ese cielo nocturno. Repasemos Lucas 2:10, que dice: «Pero el ángel les dijo: No tengan miedo. Miren que les traigo buenas noticias que serán motivo de mucha alegría para todo el pueblo».

«No tengan miedo»

La primera estrofa del cántico del cielo es la más importante de todas. «¡No tengan miedo!», declaró el ángel esa noche. «¡Decide no temer!»

El temor es algo interesante. No podemos controlar el sentirnos temerosos cuando circunstancias temibles vienen a nuestro camino, pero ciertamente podemos evitar que el temor levante tienda en nuestras mentes y corazones. Pienso en el legendario programa SEALs de la Marina, el cual acepta solo a lo mejor de los mejores solicitantes de las fuerzas armadas. Las pruebas para los SEALs consisten en un año y medio de entrenamiento riguroso, incluyendo maniobrar a través de obstáculos cada vez más difíciles mientras uno está bajo el agua y privado de sueño; además, el entrenador sigue drenando el suministro de oxígeno solo para ver cómo va uno a responder. Solo el veinte por ciento de todos los candidatos llegan al segundo mes.

Los psicólogos que investigan han estudiado los cerebros de muchos SEALs exitosos, y dos conclusiones siempre parecen surgir. Primero, los SEALs buenos se niegan a permitir que el temor arbitre sus decisiones; y segundo, las simulaciones efectivas de entrenamiento son cruciales para el éxito de un SEAL, dadas las evidencias clínicas de que los cerebros guerreros no nacen, sino que se hacen. Seguramente yo podría haber usado un cerebro guerrero cuando era niño. Temía mucho caerme, específicamente, de la cima de una montaña. Tal vez eso es cierto para todos los niños pequeños que crecen a nivel del mar y luego un día, en algún momento, se encuentran a gran altitud, no lo sé. Lo que sí sé es que todavía hoy, no me interesan las alturas de ningún tipo, y no me gustan los aviones, sobre todo los hidroaviones, en los que se puede sentir cada golpe y cada ráfaga.

Una revista para padres publicó recientemente una lista de temores y, aun cuando las alturas no estaban entre ellos, se mencionaban muchos otros bastante comunes. El mal tiempo, por ejemplo. Sueños aterradores. Extraños. La oscuridad. Tanto tú como yo hemos pasado por eso y probablemente tenemos historias que contar. Lo interesante es que los temores no siempre desaparecen una vez que crecemos. Tal vez ya no tengamos temor a la oscuridad, pero todavía enfrentamos temores de todo tipo.

¿Qué pasa si no obtengo la promoción?
¿Cómo voy a pagar las facturas?
*¿Y si mi pródigo no vuelve? Nunca podría seguir
adelante.*
*¿Qué pasa si no me recupero después de esta cirugía?
El doctor parece escéptico, en el mejor de los casos.*
*¿Qué pasa si nuestro matrimonio no puede soportar
esta noticia de un amorío?*
¿Qué pasa si no puedo perdonar?
*¿Qué pasa si la agitación que estalla en todo el mundo
finalmente llega a donde vivo?*

Tememos a la pobreza. Tememos a la soledad. Tememos al rechazo. Tememos a la pérdida de salud. Tememos al terrorismo. Tememos envejecer. Tememos hablar en público. Tememos a la muerte. Tememos a los rigores del día y a las sombras de la noche. Si se deja sin controlar, todo este temor nos acabará. El temor nos roba el gozo; estimula las úlceras; causa enormes dolores de cabeza; conduce a trastornos de la piel; suprime el sistema inmune; fractura la capacidad de entablar relaciones sanas; monopoliza los pensamientos; perjudica la habilidad de caminar por fe; y agota a la persona, al cuerpo y al alma. En algunos casos, según el mismo Jesús, el temor incluso nos lleva a desfallecer completamente.

Lucas 21 detalla varios signos de que el regreso de Cristo está cerca, entre ellos: «las naciones estarán angustiadas y perplejas por el bramido y la agitación del mar. *Se desmayarán de terror* los hombres, temerosos por lo que va a sucederle al mundo» (vv. 25-26, énfasis mío).

Sí, habrá personas simplemente dominadas por el temor en los últimos días, pero *tú y yo no tenemos que ser contados entre ellos*. En los versículos finales del pasaje, Lucas nos dice cómo:

Cuando comiencen a suceder estas cosas, cobren ánimo y levanten la cabeza, porque se acerca su redención... Tengan cuidado, no sea que se les endurezca el corazón por el vicio, la embriaguez y las preocupaciones de esta vida. De otra manera, aquel día caerá de improviso sobre ustedes, pues vendrá como una trampa sobre todos los habitantes de la tierra. Estén siempre vigilantes, y oren para que puedan escapar de todo lo que está por suceder, y presentarse delante del Hijo del hombre (vv. 28, 34-36).

Solo una mente perturbada no experimenta una explosión de temor cuando aparecen situaciones de miedo, pero solo una mente que no está fijada en Cristo permite que el temor merodee, ronde y acose. Aquí es donde el mensaje del ángel a esos pastores es tan clave. Por supuesto que tendremos sensaciones de hundimiento en esta vida, pero podemos decidir no temer. Debemos temer a Dios. También debemos temer al pecado tanto como a sus efectos penetrantes y peligrosos. Pero temer a un mañana hipotético es perder la paz que Dios con su gracia anhela darnos. Mark Twain dijo: «El valor no es la ausencia de miedo, sino el dominio de él». Es al elegir el valor más que el temor cuando honramos las instrucciones que Dios nos da en 1 Pedro 5:7: «Depositen en él toda ansiedad, porque él cuida de ustedes». Pablo en 2 Timoteo 1:7 (RVR60) dice: «Porque no nos ha dado Dios espíritu de cobardía, sino de poder, de amor y de dominio propio».

Nos predisponemos a no temer, de modo que podamos pasar a otros la paz que hemos encontrado en nuestro Dios. Esto nos lleva a la segunda estrofa: «Les traigo buenas noticias», dijo el ángel esa noche. Como seguidores de Cristo, también traemos buenas noticias.

«*¡Tengo buenas noticias!*»

Si eres padre de niños pequeños, seguramente sabes la emoción de ver a tus hijos en la mañana de Navidad desenvolviendo regalos y animados con alegría. Hay algo magnífico en cuanto a darle a alguien un regalo, en verlos abriéndolo y recibirlo con amor. Hay un nivel adicional de disfrute cuando sabemos que el regalo es algo que realmente quieren o necesitan. Es por eso que dar el regalo del evangelio a alguien que vive sin la salvación debe ser la más codiciada de todas las experiencias, eso por lo que esperamos, por lo que oramos y que anhelamos. Cuando hacemos que brille una luz de esperanza en las noches más oscuras de alguien, le damos el don de la gracia de Dios. El regalo es «buenas noticias», dijo el ángel, y lo es. Es la noticia de que Dios nos ama, nos ve y se preocupa por nosotros.

«Usted no tiene que ser atormentado por el temor —podemos decirles a los demás—. Hay buenas noticias que pueden eclipsar ese temor. La buena noticia es que el gozo ha llegado. Está aquí. Es real. Es suyo».

Entre en la tercera estrofa: *La alegría ha llegado oficialmente.*

«*La alegría ha llegado*»

«La alegría», escribió una vez C. S. Lewis, «es el asunto más serio del cielo».[1] Es un comentario que resume perfectamente la visión de Dios sobre el tema de la paz. Cuando abandonamos la voluntad propia por la de Dios, cuando doblamos la rodilla en lugar de agitar el puño; cuando vivimos fielmente, no en tinieblas, sino en luz, estamos eligiendo la alegría, el gozo. Cuando creemos en Dios aunque no lo vemos, dice 1 Pedro 1 que «se alegran con un gozo indescriptible y glorioso, pues están obteniendo la meta de su [nuestra] fe, que es su [nuestra] salvación» (vv. 8-9). El gozo de nuestra salvación es inexplicable y, a menudo, inexpresable; y sin embargo es real.

Conocer a Cristo es conocer el gozo, pese a las situaciones preocupantes, las experiencias aterradoras y el tremendo dolor. Necesitamos escuchar este cántico entonado una y otra vez, y cantarlo para otros que necesiten la esperanza divina. Este es el cántico de los ángeles que viven en la presencia gozosa de Dios. Como los ángeles, celebramos las buenas nuevas de Jesús pronunciadas en una noche oscura en Belén hace mucho tiempo. El gozo ha llegado. Jesús vive.

«Esta gracia es para ti»

La cuarta estrofa del cántico del cielo dice que se está cantando para todos los que tienen oídos para oír. Las buenas noticias de gran gozo son para «todo el pueblo», dice Lucas 2:10. En el reino, Dios acoge a todos, nadie debe ser excluido.

La revista *Texas Monthly* publicó hace poco el perfil de una empleada del Departamento de Justicia Criminal de Texas, cuyas responsabilidades laborales durante más de una década incluían presenciar cada ejecución que ocurría en el corredor de la muerte. Michelle Lyons está ahora jubilada y trabaja en el centro de Houston, una hora al sur de su residencia en Huntsville, Texas, la «ciudad de la empresa cuya industria principal es el presidio».[2] Dice que parte de su lucha diaria después de tener un trabajo como ese es tratar con los recuerdos de todos aquellos reclusos. Ella presenció la muerte de 278 personas durante su permanencia allí, y uno de los recuerdos que ha comprobado ser más difícil de olvidar es el de las madres de los presos, que inevitablemente se aparecían el día de la ejecución, con los ojos humedecidos y «vestidas con su mejor ropa de domingo».[3]

Entendemos esto, ¿no es así? Si fuera nuestro hijo, nos presentaríamos así también.

Al leer el artículo y pensar en aquellas 278 almas, en sus amorosas madres allí, a su lado, capté un destello del amor de Dios, que también cree lo mejor de nosotros, aunque sabe lo peor. Estoy seguro de que cada una de esas mujeres observaban a la persona adulta que yacía en la camilla —condenada por inconfesables crímenes y destinada a morir—, y no vieron al criminal, sino a su hijo o hija. De la misma manera, Dios ve nuestras vidas y dice: «Sí, sé lo que has pensado y lo que has hecho, cosas nacidas de un corazón egoísta y pecaminoso. Pero si recibieras el don de mi gracia en tu vida, puedes vivir en mi presencia, incluso después de morir». El fin nunca es tal cosa con Dios. Con Él, todas las cosas se hacen nuevas. Todo el que recibe al Hijo de Dios es acogido en la familia de Dios. Por eso decimos que esa gracia es asombrosa.

¡Qué hermoso es entonar ese cántico! Al temor no se le debe dar poder en esta vida. ¡Hay buenas noticias! El gozo ha llegado. Y este desbordamiento de gracia y esperanza es para cualquiera que crea. Cuando este cántico de los ángeles es entonado con fe, los que lo oyen son dirigidos a adorar. Se ven obligados a dar alabanza gloriosa, celestial, a nuestro Dios.

Urgencia en la adoración al Señor

Recordarás que la culminación de la escena en la que el pequeño Linus recitó en *La Navidad de Charlie Brown* era que un grupo de pastores humildes, agotados, dejaron todo y se apresuraron a ver al Señor. Habían oído el cántico del cielo y estaban ansiosos por dar alabanza a Dios. Hay algo en ese patrón, algo que no debemos dejar pasar.

Los que hemos escuchado el cántico del cielo estamos bastante acostumbrados a correr, nos apresuramos con nuestras comidas, con nuestros encargos, con nuestras vidas. Nos apresuramos a tener una educación a fin de poder apurarnos a conseguir un trabajo y luego nos apresuramos a salir del trabajo a fin de poder apurarnos para ir al concierto, al juego. Nos apresuramos a casa en nuestras obligaciones por la noche de modo que podamos tener unas horas de sueño, prueba de que ahora estamos incluso apresurándonos por *eso*. Nos despertamos la mañana siguiente, nos apresuramos con una oración rápida, y nos apresuramos a nuestro coche para poder apresurarnos a trabajar de nuevo. Somos buenos para apresurarnos; de hecho, somos apresurados *expertos*. Dallas Willard dijo que «debemos eliminar, sin piedad, la prisa de nuestras vidas».[4] Estoy de acuerdo, ¡excepto cuando se trata de apresurarnos para adorar a Jesús! Siempre debemos tener prisa para llevarnos a nosotros mismos a la presencia de nuestro Señor, pero no tenerla para irnos.

Los ángeles nos dan un buen punto de partida en este sentido. «Gloria a Dios en las alturas», proclaman en Lucas 2:14, «y en la tierra paz, a los que gozan de su buena voluntad». Oh, apresurémonos a dar gloria a Dios por nuestro próximo aliento, por sus inmensas bendiciones, por esta vida. Por último, imagínate si viviéramos dispuestos a influir en los demás para que se conviertan en alguien con quien Dios se complazca.

No importa que pienses que eras cantante, mi esperanza es que te des cuenta de que ahora lo eres. Tu vida es como un cántico. La pregunta es si es el cántico del cielo lo que estás cantando.

6

Valor

Cuando estás en peligro

Una alumna universitaria estaba estudiando tarde una noche en la biblioteca de una escuela aquí en Texas. Había perdido la noción del tiempo, por lo que salió del edificio casi de madrugada, sola en una noche oscura. Había dos caminos que conducían a su dormitorio: el de medio kilómetro por una calle bien iluminada y el acceso directo a través de una parte solitaria de la universidad. Estaba agotada y necesitaba desesperadamente un poco de sueño para poder estar alerta en su examen a las ocho de la mañana. Así que, a pesar de que los funcionarios del recinto les advirtieron a los estudiantes que no caminaran solos por la noche a lo largo de caminos sin pavimentar, se dirigió hacia el atajo —«el bosque», como todos llamaban a esa zona— e inició la marcha.

Mi amigo John Bisagno, pastor de la congregación Houston's First Baptist Church por tres décadas, conoce a esa chica y a su familia y dice que son seguidores consagrados de Cristo.

Por eso no se sorprendió al enterarse de que la joven iba orando mientras se arriesgaba por el desacertado camino, pidiéndole a Dios que enviara a sus ángeles para protegerla. Parece que Dios escuchó su oración y, con respecto al despliegue de sus ángeles, estuvo de acuerdo en hacerlo.

Cuando la joven iba hacia su dormitorio, vio a un hombre corpulento a unos pasos delante de ella, con la espalda apoyada en un árbol cubierto de vegetación. El hombre parecía un «vicioso», diría ella más tarde, y al irse acercando a él, ella notó que su ritmo cardíaco se disparó y su respiración se acortó. Así que aceleró el paso, mantuvo los ojos directamente hacia el frente, y siguió su camino, agradecida de que después de haber pasado cerca del hombre, no escuchó ningún paso excepto el propio. Unos minutos más tarde, ya estaba en su dormitorio y se había metido en la cama.

Al día siguiente, convocaron a una reunión a todas las mujeres que vivían en ese dormitorio en particular y, una vez reunidas, el coordinador preguntó al grupo si alguien había caminado a través del bosque la noche anterior y si había visto a alguien allí. Nuestra joven levantó la mano y se le pidió que se quedara después de que el grupo se fuera. Se enteró por la policía del recinto universitario que hubo una violación en la zona la noche anterior y que necesitaban su ayuda para identificar al sospechoso, un tipo grande, solitario, un alma turbada.

Un detective de la policía escoltó a la joven hasta la comisaría, donde había una fila de ocho hombres delante de ella. De inmediato, vio al hombre que estaba junto al árbol y se lo dijo al detective. Después de que los otros hombres se fueron, la mujer hizo una petición inusual. «¿Puedo hablar con él? —le preguntó al detective—, ¿el hombre que vi en el bosque?

Estoy seguro de que ese detective de la pequeña ciudad violó todo tipo de protocolo cuando le concedió a la joven su petición, pero momentos después ella estaba allí, cara a cara con un hombre que estaba a punto de ser acusado de violación. Con la audacia de un león, ella lo miró a los ojos y le dijo: «Ayúdeme a entender algo. Anoche me vio pasar caminando enfrente de usted y no hizo nada. ¿Por qué no me atacó? ¿Por qué atacó a la otra joven y a mí me dejó pasar?»

El hombre parecía incrédulo. «¿Atacarte? —dijo con una carcajada—, ¿con ese tipo grande que estaba a tu lado?»

Este relato de la vida real plantea algunas cuestiones en relación con la protección divina. La primera de ellas: ¿Era un *ángel* el que acompañaba a la joven al dormitorio? Y si es así, ¿era el *ángel guardián* de la muchacha, la protección divina específicamente asignada a *ella*? Y si es así, ¿tenemos *todos nosotros* ángeles de la guarda asignados para que nunca caminemos solos?

Durante la construcción del santuario actual de adoración de Prestonwood, mientras cientos y cientos de hombres y mujeres trabajaban diligentemente para completar una parte importante del inmenso techo de nuestra iglesia, un trabajador perdió el equilibrio, su ancla cedió y cayó al suelo desde treinta metros de altura. Sin embargo, no murió. De nuevo, te pregunto, ¿fue un ángel quien intervino en su caída? ¿Su ángel de la guarda? ¿Recibimos tú y yo ese nivel de protección también?

Cuando tenía tres años, estaba sentado en el puesto trasero del auto de mis padres, acompañando a mamá para ir a recoger a mi hermano en la escuela. Por toda una serie de razones ridículas, accidentalmente abrí la puerta del coche mientras mamá iba a cincuenta y cinco o sesenta y cinco kilómetros por hora por la vía principal de nuestra ciudad y caí al pavimento. No solo no sufrí heridas, sino que recuerdo la extraña sensación de aterrizar en una almohada al detenerse mi cuerpo. El asfalto no está hecho de plumas de ganso, ¿sabes? ¿Cómo explicas algo como esto? ¿Un ángel? ¿Un ángel de la guarda? ¿Uno de una hueste de guardianes asignados a cada mujer, hombre y niño (impetuoso)?

¿Hay alguien realmente ahí afuera?

Hace varios años, el canal televisivo ABC News, citando hallazgos del Instituto de Estudios de Religión de la Universidad de Baylor, informó que más de la mitad de los estadounidenses creen que han sido protegidos por un ángel de la guarda, veinte por ciento de los cuales se describieron como «no religiosos».

Esta es quizás la razón por la que la serie de televisión *El toque de un ángel* disfrutó de una carrera de casi una década; nos gusta la idea de una «Mónica» encantadora, de modales suaves rondando por encima de nosotros, asegurándose de que estamos a salvo de las consecuencias de cualquier error que estemos a punto de cometer. (Roma Downey, buena amiga mía y de Deb, interpretaba el personaje angelical de Mónica, así que cuando me preguntan si alguna vez he visto a un ángel en la vida real, ¡respondo afirmativamente!)

Queremos creer que algo o alguien está «ahí afuera» cuando estamos caminando a casa tarde por la noche, o sufriendo los efectos de una prueba mortal, o encontramos oposición en cualquiera de sus múltiples formas. Es un mundo grande y malo en el que vivimos; así que nos consolamos con la noción de que el apoyo invisible está de nuestro lado.

La Biblia confirma nuestras esperanzas profundamente arraigadas. Durante una de las muchas conversaciones en las que Jesús instruyó a sus discípulos sobre el vivir piadoso, llamó a un niño pequeño. Les dijo a los discípulos, que estaban discutiendo sobre quién sería el más grande entre ellos en el reino de los cielos, que a menos que se hicieran como ese niño —humilde de espíritu, enseñable, lleno de asombro y esperanza— nunca verían el reino que deseaban. Unos pocos versículos más adelante, les dijo: «Mirad que no menospreciéis a uno de estos pequeños; porque os digo que *sus* ángeles en los cielos ven siempre el rostro de mi Padre que está en los cielos» (Mateo 18:10, RVR60). Observa la palabra *sus*. ¿Por qué iba a decir Jesús *sus*, implicando que los ángeles les pertenecían a ellos?

O considera al apóstol Pedro después de haber sido liberado sobrenaturalmente de la cárcel. Él caminó a través de la puerta de la prisión y directamente hacia la casa de María, madre de Juan Marcos, donde los amigos de Pedro se habían reunido para orar. La ironía era que esos amigos estaban orando específicamente que Pedro fuera liberado del cautiverio y, sin embargo, cuando apareció vivo y en persona (mejor conocido como liberado del cautiverio), se negaron a creer que era él. El texto dice que una muchacha llamada Rode fue a abrir la puerta. Pero cuando se acercó a la puerta y oyó la voz de Pedro, se emocionó tanto que corrió hacia donde estaban los otros reunidos para decirles que la respuesta a su oración había llegado. A lo que los otros miraron a Rode y dijeron —y cito—: «Estás loca» (Hechos 12:15).

Rode siguió insistiendo en que en realidad era Pedro el que estaba parado allí, pero el grupo de amigos tenía una explicación diferente: «¡Debe ser su ángel!»

Este relato es bastante satisfactorio para nosotros, ya que presume que un ángel fue asignado a Pedro y, por extensión, que los ángeles son asignados a ti y a mí. El ángel de Roberto. El ángel de Juana. El ángel de Susana. El ángel de Juan. *Mi* ángel. *Tu* ángel. *Nuestros* ángeles, los que nos dieron específicamente para protegernos y guiarnos. Nos gusta esa idea y por buenas razones. Una vez más, ¿quién no querría un ayudante divino que mantenga a su familia sana, sus pertenencias protegidas y su camino recto?

¿Puede la creencia sincera estar sinceramente equivocada?

Hay algunas preguntas, sin embargo. Por ejemplo, si tú y yo —como cada persona que ha vivido— tenemos un ángel de la guarda asignado al nacer, y sabemos que hay un número finito de ángeles creados,[2] ¿no se habría quedado Dios ya sin ángeles guardianes? Algunos han sugerido que cada persona tiene no uno, sino *múltiples* ángeles guardianes, lo cual solo aumenta mi curiosidad.

Es más, si a través de la historia cada persona ha tenido un ángel guardián, entonces ¿por qué la Biblia, aparte del relato de Pedro (y cuando Jesús dijo: «He enviado a mi ángel» para testificar al apóstol Juan en Apocalipsis 22:16), excluye la mención a los ángeles en tantas ocasiones monumentales?

En historias como la de la huida de Lot y su familia de Sodoma; los dos encuentros divinos de Agar en el desierto; la pelea de Jacob durante toda la noche; el éxodo de los israelitas cuando dejaban la esclavitud en Egipto; Gedeón trillando el trigo; Elías cuando le dijeron que se levantara y comiera; Ezequías clamando al cielo; Daniel cuando sobrevivió en la guarida de los leones; Zacarías cuando se le informó del nacimiento de su hijo Juan; la virgen María cuando se le anunció que daría a luz al Mesías; y otras, las Escrituras se refieren a «el» ángel o «un» ángel en vez de usar una designación más específica como por ejemplo: el ángel de Jacob, o el ángel de Daniel, o el ángel asignado a María, madre de Jesús. ¿Indica la falta de una terminología más concluyente que ellos carecían de una supervisión angelical definitiva, o sería eso leer demasiado en el texto?

Lo que sabemos con seguridad

Si crees en la Biblia, creerás en los ángeles y que ellos están ocupados con nuestras vidas. Aunque hay mucho de lo que no podemos estar seguros en cuanto a lo que se relaciona con el *quién* y el *cómo* de la protección sobrenatural, el hecho de que somos divinamente protegidos como creyentes es indiscutible. Por tanto, ¿de qué puedes estar completamente seguro con respecto a la custodia angélica? Podrías decir que de tres cosas elementales. Para aquellos que han puesto su fe en el Señor Jesucristo, la protección angélica está: *A la disposición*, es *beneficiosa* y es *constante*.

La protección angélica está a la disposición

En el libro de Hebreos, donde encontramos la cantidad más abundante de referencias a la hueste celestial en toda la Escritura, leemos que los ángeles son «enviados para servicio a favor de los que serán herederos de la salvación» (Hebreos 1:14, RVR60), una idea que vemos manifestada a través de la Escritura. Medita, por ejemplo, en la historia del siervo de Eliseo, que temía el ataque sirio. Siria e Israel estaban enfrentados, y el rey de Siria no podía entender cómo el rey de Israel sabía sus lugares secretos una y otra vez. Resultó ser que el profeta Eliseo lo estaba delatando, informando secretamente a las fuerzas israelíes.[3]

El rey, ahora indignado, les dijo a sus hombres que localizaran a Eliseo para poder alcanzarlo al fin. Luego, al descubrir las coordenadas del profeta, el rey envió un gran ejército para rodearlo por la noche.

A la mañana siguiente, uno de los criados de Eliseo se despertó temprano y salió a tomar un poco de aire fresco cuando fue asaltado por el hecho de que todo un ejército completo con caballos y carros los había rodeado mientras dormían. «¿Qué vamos a hacer? —rogó a su líder, Eliseo, que a su vez dijo: No tengas miedo».

¿Qué? ¿No tengas miedo? Claramente, no has visto lo que yo he visto.

Pero ahí es donde el sirviente estaba equivocado. De hecho, él no vio lo que *Eliseo* observó.

En 2 Reyes 6:17: «Oró Eliseo, y dijo: Te ruego, oh Jehová, que abras sus ojos para que vea». Y ciertamente el Señor cumplió, revelándole al criado una montaña llena de caballos y carros de fuego, todos ellos reunidos a favor de Eliseo. Al final, la batalla iría a la manera de Eliseo, y el criado aprendería una lección clave ese día: No hay evidencia de que una hueste celestial sea enviada para ayudar a una vida lejos de Dios, pero ¡ah, cómo se reúnen los ángeles a favor de los que encuentran su satisfacción en Dios! Esta es la razón por la que tienden a reaccionar, inclinarse y escuchar atentamente siempre que un seguidor de Cristo transmite un «encuentro angelical» de primera mano. Los ángeles ayudan a los que aman a Dios de todo corazón; ¡la custodia divina directa está *a la disposición* de nosotros! «Los ángeles están más cerca de lo que usted piensa», escribió Billy Graham. Los ángeles están a nuestro alrededor.

La protección angélica es beneficiosa

Ahora bien, nuestra protección es *beneficiosa*; está destinada para nuestro bien. El texto más completo del versículo en Hebreos dice justamente eso: «Todos los ángeles no son más que espíritus al servicio de Dios, y son enviados para ayudar a los que recibirán la salvación» (1:14, PDT).

Sabemos por muchos versículos en la Escritura que Dios siempre trabaja para el bien de su pueblo y que su voluntad para nosotros nunca tiene la intención de perjudicarnos, por lo que es lógico que sus agentes espirituales que nos apoyan también tengan la seguridad y la vigilancia como su principal misión. Tal vez esta sea la razón por la que nunca escuchamos historias de seguidores de Cristo que se encuentran con un ángel que actúa usando métodos malos. De hecho, las historias que nos llegan tienen que ver con rescates de ciertos peligros, una manera de escapar cuando no parecía existir ninguna, un cambio milagroso y providencial de los acontecimientos.

Un ejemplo parecido a los temas que encontramos en la historia del criado de Eliseo es el de David Livingstone, considerado una de las grandes influencias misioneras. Livingstone, explorador científico y de buena fe que también amaba a Dios, se elevó a un estado casi mítico como resultado de deambular a través del continente de África, descubriendo sitios geográficos mientras buscaba almas que salvar.

Él disfrutó del éxito inmediato en ambos frentes, aunque en algunas aldeas no se emocionaban con su llegada. Un grupo en particular se fijó la meta de derribar a Livingstone y su séquito de viajes. Según cuenta la historia, los guerreros nativos rastrearon al grupo de Livingstone, supervisando dónde levantaron su campamento por la noche, y decidieron atacar a lo que cayera la oscuridad. Su meta era la destrucción total: Livingstone nunca viviría para contar el hecho. Entonces la noche cayó. Los miembros de la tribu guerrera tomaron sus posiciones. Y Livingstone siguió alegre su camino.

Livingstone no descubriría lo que sucedió esa noche hasta muchos años después de la amenaza. Se le había informado acerca de los planes de los guerreros y hasta escribió una nota de despedida en su diario. Pero no fue sino hasta que la tribu guerrera rindiera sus vidas al señorío de Cristo que su jefe explicó por qué no habían atacado.

«Sí, estuvimos siguiéndote —dijo—. Y sí, habíamos planeado atacarlos». Pero según el jefe, sus hombres no pudieron encontrar la forma de superar a los cuarenta y siete combatientes que habían rodeado el campamento de Livingstone.

Aquello fue desconcertante, Livingstone salió de vacaciones un tiempo después, y visitó una iglesia que le había prestado apoyo. Estaba contándole esa historia a un grupo de intercesores que oraban por su ministerio, cuando uno de los hombres agarró su diario y le mostró a Livingstone lo que escribió acerca de la reunión de oración que habían tenido la noche del ataque abortado. Había cuarenta y siete personas presentes, una por cada uno de los ángeles que se aparecieron. Los ángeles siempre trabajan para nuestro bien; actúan como las manos y los pies de Dios ayudando a sanar a un mundo quebrantado, no solo quieren vernos sobrevivir, quieren vernos progresar.

La protección angélica es constante

Por último, nuestra protección es constante. La Primera Carta a los Corintios (4:9) revela que los apóstoles (y, por extensión, tú y yo) llegaron de hecho a «ser un espectáculo para todo el universo, tanto para los ángeles como para los hombres», indicando que los ángeles son capaces de observar la vida en la tierra. Además, Salmos 91:11-12 (RVR60) nos dice que la obra de los ángeles es mucho más sustantiva que la mera observación: «Pues [Dios] a sus ángeles mandará acerca de ti, que te guarden en todos tus caminos», dice. «En las manos te llevarán, para que tu pie no tropiece en piedra». En la versión parafraseada de El Mensaje, de Eugene Peterson, este presenta la idea de esta manera:

El mal no puede acercarse a ti,
    el daño no puede atravesar la puerta.
Él ordenó a sus ángeles
    que te guardaran dondequiera que vayas.
Si tropiezas, ellos te agarrarán;
    su trabajo es evitar que caigas.
Caminarás ileso entre leones y serpientes,
    y patearás a los leones y serpientes del camino.
                              Salmos 91:11-12

Aparte de la traducción, la idea que comunica este pasaje es que los ángeles están supervisando nuestras idas y venidas cada día, a cada hora, en cada situación que enfrentamos. ¡Espero que estas sean buenas noticias para ti! No puedes pasar por una sola experiencia sin la invisible vigilancia celestial de Dios, que te cuida.

Por tanto, ¿tienes un ángel de la guarda? ¡Sí! Tienes todo un *ejército* de ellos, siempre presentes y listos para servir.

De camino a un peligro seguro

En el libro de Daniel, encontramos un ejemplo de Dios protegiendo a uno de sus seguidores cuando estaba en medio de una situación aparentemente imposible. Daniel vivía de manera recta y, para el momento en que los acontecimientos más emocionantes de su vida se desarrollaron, ya era un anciano; por lo menos tenía noventa años de edad. Cuando niño, se había propuesto en su corazón no contaminarse, como una forma de honrar al Dios que amaba. Y a medida que crecía, cumplió su compromiso, aun cuando su vida daba algunos giros inesperados.

Cuando Daniel era adolescente, fue secuestrado por las fuerzas babilónicas que invadieron su tierra natal, Judá. Después que lo deportaron a Babilonia, Daniel fue obligado a adaptarse al estilo de vida babilónico, por ejemplo, en cuanto a lo que comían, cómo vestían, las costumbres que seguían y los dioses a los que servían. Se esperaba que transigiera en sus convicciones; sin embargo, Daniel se negó a ceder a la presión. Siguió los hábitos dietéticos judíos, continuó orando a Jehová Dios y siguió manteniendo sus alianzas espirituales y nacionales, aunque sus captores babilónicos exigían que cambiara de creencias.

Dios, claramente, estaba complacido con la fidelidad de Daniel y abrió el camino para elevarlo a posiciones de cada vez más importancia y autoridad dentro del reino que ahora llamaba hogar. Tenía un «espíritu superior», dice Daniel 6:3 (RVR60). El rey lo sabía, el pueblo lo sabía y Dios mismo también lo sabía.

Nunca vemos a Daniel murmurar, quejarse ni desesperarse, a pesar de que las circunstancias fueran muy difíciles e incluso peligrosas. Siempre tenía una actitud positiva, alabando al Señor. Su vida era irreprochable.

Tengo que creer que fue debido a la vibrante fe de Daniel que el rey consideró conveniente expandir la influencia del joven. Pero no todo el mundo en torno al rey estaba contento con eso; de hecho, los otros administradores políticos decidieron que Daniel no debería ser líder en absoluto. Al contrario, pensaban que debía morir. Así que idearon un complot para destruirlo.

Debido a que no había ningún defecto de carácter discernible en Daniel, su oposición tuvo que idear un plan muy ingenioso. *¡Ajá!* Pensaron ellos. *Apelaremos al ego del rey.* Se acercaron al monarca y le dijeron que puesto que él era alguien maravilloso, ellos pensaban que debía aprobar un edicto en todo el reino exigiendo que durante los siguientes treinta días, cualquiera que adorara a cualquier dios, excepto al rey Darío, fuera arrojado al foso de los leones. El rey con mucho gusto firmó el decreto, mientras sus secuaces se felicitaban entre sí. Lo que el monarca no notó fue que acababa de firmar la orden de muerte de Daniel. El rey no sabía el guerrero de oración que Daniel era.

Al día siguiente, después de haberse enterado de la ley, Daniel procedió a orar a Jehová Dios. Sí, él respetaba las reglas del rey Darío, pero ¿cómo podía abandonar a su Dios?

En cuestión de minutos, el personal del rey tenía rodeado a Daniel. Estaba destinado al foso de los leones.

El texto continúa diciendo que, habiendo sido informado del arresto de Daniel, al rey «le pesó en gran manera» (Daniel 6:14, RVR60), por lo que pasó el resto del día reflexionando en las opciones para rescatar a Daniel de tal peligro. Al final, no tuvo carácter para enfrentar a sus subordinados en nombre de un hombre noble como Daniel, así fue que aprobó el castigo que su edicto especificaba. Él «mandó, y trajeron a Daniel, y le echaron en el foso de los leones», dice el versículo 16. Entonces «el rey dijo a Daniel: El Dios tuyo, a quien tú continuamente sirves, él te libre».

Valor cuando más se necesita

Un pastor amigo mío dice que a menudo va a visitar a la gente al hospital y que, antes de orar por ellos, tiende a preguntarles: «¿Estás preocupado?» Tal vez estén enfrentando una cirugía grande, o quizás les han dicho que tienen alguna enfermedad incurable. Cualquiera que sea la situación, él dice que nueve de cada diez personas responde: «Oh, no, pastor. Tengo la paz de Dios». Pero en una ocasión, cuando le preguntó a una mujer que estaba lista para una cirugía a la mañana siguiente si estaba preocupada, ella lo miró directamente a los ojos y le dijo: «¿Está bromeando? ¡Por supuesto que estoy preocupada! ¡La gente *muere* en este lugar!»

Estoy seguro de que Daniel supuso que moriría en el foso de los leones. ¡Imagínate el tamaño de aquellos dientes! Pero el verdadero valor es simplemente una manera valiente de tener miedo; estoy seguro de que Daniel tuvo ambas cosas. No encontramos evidencia de que retrocediera ante su juicio inminente; al contrario, leemos que fue arrojado al foso sin resistencia.

¿Puedes imaginarte esa escena? Un hombre realmente bueno y piadoso cayendo en el foso de unos leones y aterrizando impotente para enfrentar una muerte segura. Mientras se recobraba y asimilaba el entorno, oyó una serie de rugidos que estremecían hasta los huesos. Había restos humanos por todas partes, por lo que consideró su destino. Pero entonces, espera, ¿por qué los leones no se dirigían hacia él? ¿Por qué estaban ignorándolo y dejándolo tranquilo? Es claro que había fuerzas espirituales trabajando y estaban decididas a librar a Daniel. Ángeles más fuertes que los leones protegieron al hombre de Dios aquel día.

Pienso que a medida que el día daba paso a la noche y la temperatura en el foso bajaba unos grados más, uno de aquellos leones se deslizó hacia Daniel y se acostó a los pies del incrédulo hombre. Acto seguido, una leona se acercó y se acurrucó suavemente al lado de Daniel. Los enormes felinos, en forma inconsciente proporcionaron una cálida cobija a Daniel, que decidió dormir un poco. El rey, sin embargo, estuvo despierto toda la noche, preocupado por la terrible decisión que había tomado. Daniel 6:19-23 concluye la historia de esta manera:

Tan pronto como amaneció, se levantó y fue al foso de los leones. Ya cerca, lleno de ansiedad gritó:
—Daniel, siervo del Dios viviente, ¿pudo tu Dios, a quien siempre sirves, salvarte de los leones?
—¡Que viva Su Majestad por siempre! —contestó Daniel desde el foso—. Mi Dios envió a su ángel y les cerró la boca a los leones. No me han hecho ningún daño, porque Dios bien sabe que soy inocente. ¡Tampoco he cometido nada malo contra Su Majestad!
Sin ocultar su alegría, el rey ordenó que sacaran del foso a Daniel. Cuando lo sacaron, no se le halló un solo rasguño, pues Daniel confiaba en su Dios.

Por cierto, en el versículo 24, leemos que el rey dio la orden para que los hombres que acusaron a Daniel fueran arrojados al foso de los leones. Podemos suponer que los leones estaban muy hambrientos para ese entonces. Sí, Dios envió un ángel para librar a Daniel, y creo que hay momentos en que los ángeles nos libran a nosotros también.

Leones que amenazan con derrumbarnos
Es fácil leer una historia como la de Daniel y pensar: *Eso está bien para él, pero ¿qué tiene que ver conmigo?* Es cierto que tú y yo probablemente nunca irritaremos al personal de un rey extranjero al punto que nos arrojen a un foso de leones. Pero,

¿no hay decenas de leones que te han amenazado? ¿No has oído tu cuota de rugidos aterradores?

El rugido puede ser un diagnóstico de salud preocupante o un revés en un negocio que ha socavado tus reservas financieras. Quizás sea que tu hijo está siendo intimidado en la escuela y no tienes ni idea de cómo proceder. Podría ser un rugido de un tipo muy diferente, alguna otra situación que ha dejado tu corazón sintiéndose desesperado y débil. Mi amigo, el doctor Ken Cooper, médico de renombre mundial, y «padre de los aeróbicos» cuenta la historia de una vez en la que él y su hijo volaron a África del Este para escalar el Monte Kilimanjaro. El grupo con el que viajaban había llegado hasta Tanzania cuando fueron detenidos por un funcionario de aduanas. El aeropuerto estaba en medio de la nada y el doctor Cooper rápidamente supuso que no había muchas políticas formales que rigieran en el lugar. Era más una situación en la que los tipos con armas iban haciendo las reglas a medida que se necesitaran. A los sujetos armados no les entusiasmaba que el doctor Cooper y su tropa entraran en su país, pero por treinta dólares americanos, dijeron, podrían ser persuadidos a reconsiderar. El doctor Cooper y su equipo pagaron y les dieron entrada «extraoficial» en una hora.

Por tanto, en términos técnicos, estaban en Tanzania ilegalmente, una nota al margen que llegó a ser central en su historia unos días más tarde, cuando le avisaron de una emergencia en Estados Unidos y tuvo que partir a casa antes que el resto de su grupo. Mientras iba sentado en la parte trasera del taxi rumbo a un aeropuerto más grande y sofisticado, donde tomaría su vuelo internacional a casa, se dio cuenta de que su pasaporte no tenía un sello que confirmara su entrada legal a ese país, por lo que muy probablemente una vez que los funcionarios de aduanas vieran su insuficiente documentación, lo escoltarían de inmediato a una cárcel africana. Gotas de sudor comenzaron a surcar su frente.

El doctor Cooper le pagó al taxista, agarró su maleta y se dirigió al aeropuerto, completamente inseguro de lo que haría. Se abrió camino a la zona de vuelos internacionales, donde necesitaría que le revisaran su pasaporte antes de que pudiera abordar. Mientras estaba en la fila, aterrado por la perspectiva de pasar quién sabe cuánto tiempo en una celda de una prisión extranjera, notó que una mujer se acercaba, vestida de blanco de la cabeza a los pies. Se dirigió a propósito hacia el doctor Cooper, deteniéndose a pocos pasos de donde él estaba. Sus ojos parecían amables mientras sonreía. «Señor —dijo serena—. Me da su pasaporte, por favor». Seguía sonriendo cuando le indicó al doctor Cooper que saliera de la fila y la siguiera. Pasando por delante de decenas de personas que esperaban su turno, se dirigió con confianza a uno de los agentes de aduana, abrió el pasaporte del doctor Cooper en una página disponible, y lo mantuvo abierto hasta que lo sellaron. Entonces se volvió hacia mi amigo, le entregó su pasaporte aprobado y sonrió otra vez. El doctor Cooper miró hacia abajo para guardar sus documentos en su cartera y alzó su mirada segundos más tarde para agradecerle a la mujer por su ayuda milagrosa. Como probablemente habrás adivinado, la mujer ya había desaparecido. El doctor Cooper no es un místico ni un hombre propenso a historias extravagantes. Es un consagrado médico cristiano que ha cambiado la forma en que se practica la medicina preventiva. Él cree que fue ayudado por un ángel ese día en África, yo también creo eso. La Biblia nos dice que los ángeles nos liberan de situaciones amenazantes y él se encontraba en tal situación ese día.

A mí también me ha pasado. A todos nos pasa. En algún momento, todo el mundo ha necesitado valor para atravesar tiempos que parecían insoportablemente difíciles. Al doctor Cooper, a ti, a todos los que aman a Dios y a mí, el testimonio de Daniel nos grita desde las profundidades del foso: «¡Mi Dios envió su ángel, el cual cerró la boca de los leones!»

Recuerda que Dios cubre nuestras espaldas

Algunos de mis mejores recuerdos tempranos son de mi ciudad natal en Arkansas y de la iglesia donde mi familia y yo éramos miembros: First Baptist Church en Conway. Cada tres meses, a los niños de la escuela dominical se les entregaba aquella literatura clásica trimestral con representaciones artísticas de historietas de la Palabra de Dios; mi favorita hasta hoy es la de Daniel. De pie, cerca de una ventana abierta (¿quién hubiera sabido que había ventanas en un foso de leones?), está Daniel con las manos juntas detrás de él, los hombros hacia atrás, la cabeza erguida, la mirada fija. En su rostro hay una expresión de calma y seguridad. Está claro que su enfoque no es en los leones que lo rodean, sino en su Padre celestial que lo protege y lo preserva. Ahora, siglos más tarde, ese retrato de Daniel en el foso de los leones cuelga en mi oficina como un recordatorio de que Dios está con nosotros siempre.

La Escritura nos recuerda que como creyentes somos «a quienes el poder de Dios protege» (1 Pedro 1:5) y que estamos siendo protegidos y conservados para un propósito. Primera de Pedro 1:3-5 lee:

¡Alabado sea Dios, Padre de nuestro Señor Jesucristo! Por su gran misericordia, nos ha hecho nacer de nuevo mediante la resurrección de Jesucristo, para que tengamos una esperanza viva y recibamos una herencia indestructible, incontaminada e inmarchitable. Tal herencia está reservada en el cielo para ustedes, a quienes el poder de Dios protege mediante la fe hasta que llegue la salvación que se ha de revelar en los últimos tiempos.

Cualquiera sea el grado de ferocidad de los leones a nuestros pies, nunca debemos perder de vista el hecho de que, como hijos amados de Dios, estamos cuidados y seguros. Toda experiencia peligrosa y mortal sabemos que ha sido filtrada a través de las manos de nuestro amoroso Padre, las mismas que nos mantiene siempre en su control. Pienso los días en que fui papá por primera vez, a los veintitrés años, y Jason —mi niño y de Deb—, estaba aprendiendo a caminar. Él y yo estábamos en la acera frente a nuestra casa, y Jason estaba agarrando mi dedo índice con su mano regordeta. Dimos unos pasos juntos pero había una grieta en la acera. Jason tropezó, lo que hizo que soltara mi dedo, y antes de que yo me diera cuenta, él estaba todo golpeado y ensangrentado. Tuve que dar muchas explicaciones cuando regresé a la casa.

Sin embargo, la lección importante que aprendí fue que los buenos padres no solo permiten que sus hijos se aferren a ellos, ¡sino que ellos también se aferran a esos niños! Los buenos papás mantienen un buen agarre, que es exactamente lo que hace nuestro Padre celestial. Él promete que nunca nos dejará ir. Siempre estamos en sus fuertes manos.

«No prevalecerá ninguna arma que se forje contra ti» (Isaías 54:17). Si nunca has tomado ese versículo en serio, tómalo hoy. *No prevalecerá ninguna arma que se forje contra ti* si permaneces en el puño del Padre. Dios tiene ejércitos angelicales listos para protegerte y ellos viven ansiosos de hacer la voluntad de Él.

Nuestro Señor Jesús ha derrotado al león que está detrás de cada rugido, Satanás. La batalla ya fue librada y ganada. Y si depositas tu confianza en ese gran vencedor, el poderoso León de Judá, incluso en tu hora más oscura descubrirás la liberación, la fuerza y la ayuda.

Daniel creyó en su Dios, el que nunca se va ni abandona lo suyo. Los ángeles se mueven a su mandato mientras Él vela sobre los que ama.

7

Defensa

Cuando eres excluido o despreciado

E lla era una extranjera, una solitaria, una víctima, una esclava. Si alguien había necesitado de un defensor, era Agar, sirvienta de Abram y Saray, la famosa pareja del Antiguo Testamento.

Después que la pareja dejara Egipto y se establecieron en Canaán, ellos tres —Abram, Saray y Agar— urdieron un plan para resolver el problema de infertilidad de la pareja: Agar se convertiría en la mujer de Abram y tendría un niño de él y Saray. La práctica no era inusual en ese tiempo, pero seguir costumbres corrientes no siempre equivale a obedecer la voluntad de Dios. Como tú y yo esperaríamos, el gran plan se vino abajo.

Agar se acostó con Abram y, en efecto, quedó embarazada, y con ello —más tarde— dominaba a Saray, burlándose de la mujer cuyo vientre nunca había tenido un hijo. Al fin, Saray se cansó de aquello. Capitulando ante la furia de su amada esposa, Abram puso todo el poder en las manos de Saray: «Haz con

ÁNGELES

ella lo que bien te parezca», dijo. Y así Saray «la maltrataba», y Agar huyó (Génesis 16:6). Después que Agar se fuera, un ángel del Señor la encontró en un manantial de agua en el desierto. El ángel le preguntó: «¿De dónde vienes y a dónde vas?» a lo cual Agar respondió: «Estoy huyendo de mi dueña Saray» (v. 8).

El ángel le dijo a Agar que regresara a donde Saray y se sometiera a ella, y le aseguró que ella no solo le daría un hijo a Abram, sino que este tendría tanta descendencia que no podría ser contada. Tras ese encuentro Agar llamó al Señor «el Dios que me ve». Dios realmente la había visto ese día y envió un ángel para ministrar a su corazón roto.

Sin embargo, la historia no termina ahí. Trece años después —a Abram (ahora Abraham) le faltaba un año para cumplir los cien, y Saray tenía casi noventa. Agar fue echada a un lado. A esas alturas, ella huyó de Saray; había vuelto bajo la dirección de Dios en sumisión a su enfadada señora; le dio a luz un hijo a la pareja: Ismael; y lo había criado en sus años de adolescencia.

El Señor visitó a Abraham y Saray —Dios le cambió el nombre a *Sara*— y les informó que tendrían un hijo, su *propio* hijo, nacido de un vientre estéril. Como todo el mundo sabe, Sara se le rió en la cara a Dios. ¿Una nonagenaria estéril iba a tener un bebé? ¡Eso era una locura! O al menos Sara parecía pensarlo así.

Tal como Dios predijo, Sara dio a luz un bebé —un hijo, Isaac— y hubo gran celebración en la región. Pero en medio de todo el festín y la trivialidad, Sara detectó cierto tono de irrespeto hacia su nuevo hijo. La burla provenía de Ismael, por lo que Sara tomó medidas rápidas como resultado. Así que le pidió a Abraham que sacara a Agar e Ismael de los confines del campamento.

Mientras veía esa escena en la serie *La Biblia*, de Mark Burnett, mis ojos se llenaron de lágrimas ante ese dramático momento de amor y rechazo en el que una mujer y su hijo eran echados fuera. Es una historia en la Biblia que he leído muchas veces. Pero me emocionó mucho ver gente real experimentar el rompimiento de la familia, algo que he presenciado muchas veces como pastor.

Una segunda salida, una segunda vergüenza, una segunda caminata por el desierto. Pero hubo un punto brillante en la desesperación que sintió Agar: una segunda visita del ángel del Señor. Génesis 21:15-21 cuenta la historia:

Cuando se acabó el agua del odre, puso al niño debajo de un arbusto y fue a sentarse sola a cierta distancia, pues pensaba: No quiero ver morir al niño. En cuanto ella se sentó, comenzó a llorar desconsoladamente.

Cuando Dios oyó al niño sollozar, el ángel de Dios llamó a Agar desde el cielo y le dijo: ¿Qué te pasa, Agar? No temas, pues Dios ha escuchado los sollozos del niño. Levántate y tómalo de la mano, que yo haré de él una gran nación.

En ese momento Dios le abrió a Agar los ojos, y ella vio un pozo de agua. En seguida fue a llenar el odre y le dio de beber al niño. Dios acompañó al niño, y este fue creciendo; vivió en el desierto y se convirtió en un experto arquero; habitó en el desierto de Parán y su madre lo casó con una egipcia.

Aquí encontramos el estímulo divino. Una perspectiva fresca. Recursos a mano que ella no se había dado cuenta que tenía. No es de extrañar que Agar se refiriera a Dios como el «Dios que me ve». Seamos nosotros los equivocados o los agraviados, Él nos ve, Él permanece con nosotros, y nos salva de la amargura y el dolor.

El Dios que ve y los ángeles mensajeros

Hace más de dos décadas, nuestra iglesia inició Prestonwood Pregnancy Center, un centro sin fines de lucro, con el fin de ofrecer servicios confidenciales gratis a las mujeres que pasan por un embarazo no planificado. Entrenamos a algunas siervas líderes que eran apasionadas en abogar a favor de todos los bebés que no tenían boca propia para gritar: «¡Por favor! ¡Déjame vivir!»

Esas líderes prepararon equipos de personas que invitaron a las madres embarazadas a venir a hacerse sonogramas, tomar clases educativas y recibir apoyo de otras mujeres en su misma situación y, al final, *los bebés nacieron*. Se les permitió nacer con dignidad, se les permitió vivir, tener salud e integridad. Todo eso porque un grupo desinteresado de personas tomaron una posición por los bebés, que no pudieron; a esos pequeños se les dio la oportunidad de florecer. Todos necesitamos esa oportunidad. Las mujeres que sirven en este ministerio están sin duda haciendo el trabajo de los ángeles.

Tomemos este concepto aparte del candente asunto del aborto. Sospecho que si tuvieras que reflexionar sobre tu vida con sinceridad, recordarías ocasiones en las que desesperadamente necesitaste un abogado que hablara por ti, cuando eras incapaz de hablar por ti mismo. Por ejemplo, alguien quizás se arriesgó contigo cuando tenías unos veintitantos años dándote un trabajo para el que no mostrabas tener capacidad. En el camino, alguien probablemente mostró misericordia una o dos veces dándote una advertencia en vez de una multa por exceso de velocidad. Alguien pudo haber hecho una excepción con tu problema de servicio al cliente cuando involuntariamente violaste una regla. Alguien pudo haberte recibido con aceptación y gracia, aun cuando estuvieras en el error.

Es probable que haya muchas ocasiones en las que no *estuviste* errado, sino que simplemente sufriste una injusticia de algún tipo. Al igual que esos bebés no nacidos en el vientre de sus mamás, eras incapaz de defenderte y, por tanto, dependías totalmente de que otros fueran amables contigo. En todas esas situaciones, el relato del ángel que ministró a Agar ese día nos recuerda que Dios nos ve y envía ángeles para ayudarnos cuando la vida es injusta. «Aunque mi padre y mi madre me abandonen», escribió el salmista, «el Señor me mantendrá cerca» (Salmos 27:10, NTV). Todos necesitamos un campeón así.

El Dios que permanece

Cuando estudiaba en la secundaria, sufría las mismas inseguridades paralizantes que casi todos los chicos enfrentan: ¿estoy en el grupo de los «populares» o en el de los «impopulares»? ¿Por qué las buenas calificaciones son tan difíciles de conseguir? ¿Le gustaré a alguna de las chicas? ¿Lograré entrar en el equipo de futbol? ¿Qué tipo de persona quiero ser? Cada día era una tarea, ¿verdad? Vamos, ¡fue horrible! Pero en algún momento durante esos maravillosos años, una profesora de oratoria llamada Virginia Ward vio algo especial en mí, incluso me dijo que tenía un don.

La señora Ward me invitó a ayudar con un comercial de televisión del que ella estaba encargada, me puso en el escenario para toda una serie de obras escolares, me dio las herramientas que necesitaba para preparar un discurso que tenía que dar, y se comprometió a refinar la manera en que yo hablaba cuando estaba frente a un público. Ella creyó en mí. Me dio confianza para superar mi inseguridad y ayudarme a poner mis pies en el camino que todavía, cincuenta años más tarde, estoy recorriendo.

De la misma manera que el ángel que ministró a Agar apareció en ese estéril desierto, creo que Dios puso a la señora Ward en mi vida en el momento en que la necesitaba más. Cuando los tiempos se ponen difíciles, Dios no nos deja para que luchemos solos, sino que nos encuentra justo donde estamos. Luego proporciona la dirección necesaria para ayudarnos a avanzar y no quedarnos atrapados. Para mí, eso significó insertar una voz sabia en mi clase de drama al principio de la escuela secundaria que pudiera disipar las mentiras que había comprado: que nadie me veía, que a nadie le importaba, que no me valoraban, que no era capaz. Para Agar, eso significaba animarla a dar un giro de regreso: *Vuelve a Saray. Sométete a tu señora. Como resultado, te bendeciré.*

Cómo necesitamos esas razonables voces «angelicales» a lo largo del camino, enviadas por Dios para ayudarnos a salvarnos de nosotros mismos. La señora Ward no era un verdadero ángel. Pero Dios ciertamente la envió a mi camino para animarme y elevar mi vida.

El Dios que salva

Dios nos ve cuando sentimos como que nadie más lo hace. Permanece con nosotros, nos saca de nuestro desierto y nos lleva a un lugar fresco y satisfactorio. Dios también *nos salva...* de la amargura y de otros dolores relacionales. Los ángeles de Dios se deleitan ayudándonos en esto, los reconozcamos o no.

Me encanta la pregunta que el ángel le hizo a Agar al verla desanimada y sola: «¿De dónde vienes y a dónde vas?» (Génesis 16:8). Él quiere que ella haga un inventario del camino que está recorriendo, para decidir si está comprometida con ese modo de vida. Claro, ella podría haberse quedado en el desierto para siempre, pero ¿qué clase de vida sería esa? Agar descubrió a través de un ángel servidor que Dios estaba de su lado.

No puedes perderte lo que la Biblia enseña con respecto al poder del perdón. Habría sido fácil revolcarse en su miseria, enfurecerse con rabia hacia Abram y Saray.

Defensa

El afectuoso ángel —hablando en nombre de Dios—, en esencia le dijo a Agar que se devolviera. «Vuelve *tú* y perdona, aunque fuiste *tú* la que fue tratada con dureza. Da *tú* los pasos hacia tu ofensor. Sé *tú* la pacificadora». Agar quería justicia, pero Dios quería algo más. Estaba buscando la *restauración*. Todavía lo sigue haciendo. A menudo usa el quebrantamiento y el dolor, incluso el rechazo, para hacernos más como Él.

Cuando Dios quiere instruir a un hombre,
Entusiasmar a un hombre y capacitarlo,
Cuando Dios quiere moldear a un hombre
Para que juegue la parte más noble;

Cuando Él anhela con todo su corazón
Crear a un hombre tan grande y audaz
Que todo el mundo se asombre,
¡Observen sus métodos, observen sus caminos!

Cómo perfecciona sin piedad
A quien Él elige.
Cómo lo martilla y le hace daño,
Y con poderosos golpes lo convierte

En formas de ensayo de arcilla, que
Solo Dios entiende,
Mientras su corazón torturado llora
Y levanta las manos suplicantes.

Cómo dobla aunque nunca rompe
Cuando su bien emprende;
Cómo usa a quien Él elige,

Y que todo propósito fusiona;
Por cada acto lo induce
Para probar su esplendor...
Dios sabe de qué se trata.

Descubrí este poema de autor anónimo hace años y nunca lo he olvidado. ¿Acaso un Dios amoroso nos golpea fuertemente, nos hace daño y con poderosos golpes nos convierte? Al final, la idea que se acuñó en mi corazón y en mi alma fue la que promete que sí, aunque nuestro Padre puede permitir que circunstancias adversas y desafíos aparentemente insuperables eclipsen nuestros días soleados, la flexión nunca nos partirá. El apoyo sobrenatural siempre está cerca. «Pues no ha pasado por alto ni ha tenido en menos el sufrimiento de los necesitados», asegura Salmos 22:24 en cuanto a nuestro Dios. «[Él] no les dio la espalda, sino que ha escuchado sus gritos de auxilio» (NTV). Segunda de Corintios 4 lo expresa así:

Pero tenemos este tesoro en vasijas de barro para que se vea que tan sublime poder viene de Dios y no de nosotros. Nos vemos atribulados en todo, pero no abatidos; perplejos, pero no desesperados; perseguidos, pero no abandonados; derribados, pero no destruidos. Dondequiera que vamos, siempre llevamos en nuestro cuerpo la muerte de Jesús, para que también su vida se manifieste en nuestro cuerpo. Pues a nosotros, los que vivimos, siempre se nos entrega a la muerte por causa de Jesús, para que también su vida se manifieste en nuestro cuerpo mortal. Así que la muerte actúa en nosotros, y en ustedes la vida (vv. 7-12).

Doblados, pero no rotos, en absoluto; aun cuando seamos excluidos, aun cuando seamos despreciados. Para los marginados que anhelan la inclusión, los agraviados que quieren que las cosas sean rectificadas, los rechazados que desean venganza, los apartados que piden ternura y gracia, Dios entra y dice: «La justicia y la misericordia, el compañerismo y la comunidad, todo está aquí para ti, en mí. La satisfacción que buscas solo se puede encontrar escondiéndote en mí».

El efecto dominó de la defensa

Una dinámica interesante ha ocurrido a lo largo de mis años de peregrinar con Cristo y es que mientras me enfoco más intensamente en los esfuerzos de defensa de Dios por mí, soy más rápido para dar un paso adelante y hablar en nombre de aquellos que no pueden hablar por ellos mismos. Cuando veo con qué fidelidad me ha defendido, me veo obligado a defender a otros necesitados. Me encantan las palabras de Salmos 40 (NBLH), especialmente los tres primeros versículos, que dicen:

Esperé pacientemente al Señor,
Y Él se inclinó a mí y oyó mi clamor.
Me sacó del hoyo de la destrucción, del lodo cenagoso;
Asentó mis pies sobre una roca y afirmó mis pasos.
Puso en mi boca un cántico nuevo, un canto de alabanza
    a nuestro Dios.
Muchos verán esto, y temerán
Y confiarán en el Señor.

Es una progresión impresionante, ¿verdad? Nos encontramos en un hoyo de destrucción, a veces incluso hecho por nosotros mismos. Dios oye nuestro clamor y nos levanta sobre terreno sólido. Nos da un cántico nuevo para cantar, no una canción de desánimo y desesperación, sino una de alabanza alegre a nuestro Dios. Y entonces, puesto que no podemos guardar esas buenas noticias para nosotros mismos, estamos obligados a ayudar a otros a salir de sus hoyos. Escucha, reconozco que solo porque Dios es por nosotros no significa que jamás enfrentaremos circunstancias terribles en esta vida. Sí, Él promete poner nuestros pies sobre una roca y sí, afirmará nuestros pasos. Pero, ¿quién puede decir que el punto de partida firme no conduce a un camino áspero y rocoso?

Aun Agar, a quien la Escritura muestra como protegida por Dios, enfrentó un desafío tras otro en todo el curso de su vida. Pero si recuerdas el pasaje de Génesis 21, cuando estaba sentada en aquel lugar desierto, sedienta, desesperada y sola, Dios le reveló un pozo de agua dulce que ella usó para darle a su hijo. No es poca cosa, entender que el niño que pensabas estaba destinado a la muerte está ahora siendo alimentado de nuevo para vida. Este es el don que es nuestro en Cristo, la promesa de ser favorecido por Dios. Y este es el regalo que podemos ofrecer a otros necesitados: *Te veo. Yo cuidaré de ti. Estoy aquí.*

Unas veces somos los ofendidos y otras somos los ofensores. Dios dice: «En todo momento, aprendan a defenderse unos a otros, no unos contra otros. Trabajemos hacia la unidad en esto».

Garantizo que los ángeles están esperando que hagamos eso, porque en los últimos días, nos dice la Escritura, se nos pedirá que hablemos en nombre *de ellos*. Echa un vistazo a los primeros seis versículos de 1 Corintios 6 (NTV):

Cuando uno de ustedes tiene un conflicto con otro creyente, ¿cómo se atreve a presentar una demanda y a pedirle a un tribunal secular que decida sobre el asunto, en lugar de llevarlo ante otros creyentes? ¿No se dan cuenta de que algún día nosotros, los creyentes, juzgaremos al mundo? Y dado que ustedes van a juzgar al mundo, ¿no son capaces de resolver esas pequeñas cuestiones entre ustedes? ¿No se dan cuenta de que juzgaremos a los ángeles? Así que deberían ser capaces de resolver los conflictos comunes y corrientes que ocurren en esta vida. Si tienen conflictos legales acerca de tales asuntos, ¿por qué acuden a jueces que son de afuera y no son respetados por la iglesia? Digo esto para que se avergüencen. ¿No hay nadie en toda la iglesia con suficiente sabiduría para decidir sobre esos temas? En cambio, un creyente demanda a otro, ¡justo frente a los incrédulos!

El punto de Pablo es oportuno y saludable. Practicamos la abnegación y la humildad, y no nos dejamos ofender fácilmente, somos determinados y amables, de modo que algún día, en un futuro no muy lejano, cuando se nos pida que juzguemos todo el universo —la hueste celestial y todas las cosas en la tierra— tengamos un pensamiento claro y un buen juicio de nuestro lado. Por lo tanto, que podamos callar nuestros gritos de «injusticia» y podamos recibir críticas sin quejarnos. Que podamos pasar de manera sabia, amablemente, la defensa que hemos recibido de Dios, resguardando todo lo que es correcto y bueno sin destruir el objetivo de la unidad. Que podamos aprender a ver, y realmente ver, las necesidades que podemos satisfacer; y luego permanezcamos de manera desinteresada con aquellos que sufren un dolor profundo. Y que podamos recordar con sobriedad y reverencia el hecho de que todo esto es un ensayo general para un espectáculo mucho más grande.

8

Refugio

En medio de la tormenta

M i amiga Sheila Walsh tenía treinta y cuatro años cuando se presentó sola a un hospital siquiátrico después de sufrir un colapso nervioso que más tarde caracterizó como golpear una pared de ladrillo a trescientos veinte kilómetros por hora. Doce horas antes de poner sus pies en el hospital, se sentó en la silla de anfitriona del Club 700 y participó de una manera aparentemente feliz en la emisión nacional del popular programa. Lo que la audiencia no podría haber sabido ese día fue que, a pesar de la apariencia impecable de Sheila, una tormenta estaba penetrando profundamente en su interior.

Sheila no durmió nada aquella primera noche en su alterada condición. El personal del hospital la puso en guardia suicida, lo que significaba que alguien entraba a su habitación cada quince minutos para asegurarse de que no se había hecho daño a sí misma. Con el tiempo, se le diagnosticaría una depresión

ANGELES

clínica grave y trastorno de estrés postraumático; pero en ese momento, esa primera noche, nadie sabía lo que le pasaba, incluida ella misma, y nadie sabía cómo ayudarla a resolver la turbulencia que sentía.

En las primeras horas de la mañana del segundo día en la sala de siquiatría, Sheila apenas notó, desde la silla en la que estaba sentada, que otra persona había entrado en su habitación, aparentemente para asegurarse de que todavía estaba viva. Sin embargo, algo era diferente con esa visita, porque en vez de simplemente buscar signos de vida, la persona se acercó a Sheila directamente y plantó sus pies justo delante de su silla.

Sheila había estado sentada por horas con la cabeza enterrada en su regazo, pero al sentir la presencia de ese hombre, se vio obligada a levantar la mirada. Cuando lo hizo, vio a un ángel; un hombre fuerte con ojos tiernos. Antes de que pudiera distinguir quién era ese hombre y qué estaba haciendo allí, él colocó algo en sus manos, un pequeño cordero de peluche, del tipo que le encantaría a un niño. Ella miró fijamente al hombre cuando se volteó para irse, demasiado incrédula para pronunciar una palabra. Entonces, antes de salir de la habitación, se encontró con los ojos de Sheila y dijo: «Sheila, el Pastor sabe dónde encontrarte». Y con eso, su visitante se fue. Sheila permaneció en el hospital siquiátrico un mes y nunca más volvió a ver a aquel hombre.

Alrededor de las seis de esa mañana, Sheila despertó al son de los ayudantes que entraban a su habitación. Se había quedado dormida en el suelo frío y duro, por lo que fue estremecida de nuevo por la realidad de su situación; entretanto sus ojos contemplaban la sombría y estéril escena. Mientras el personal la dirigía a su nueva rutina matutina, sus pensamientos estaban en otra cosa: ¿Dónde estaba ese cordero de peluche? ¿O había soñado todo aquel intercambio? Allí al pie de su silla plegable estaba el cordero que el hombre le había entregado horas antes. El Buen Pastor realmente sabía dónde estaba. Uno de sus ángeles fue enviado para consolar a una angustiada hija de Dios.

Turbulencia por doquier

No tienes que mirar lejos para darte cuenta de que esta vida no está exactamente llena de brisas suaves y cálida luz del sol. No, hay momentos difíciles a diestra y siniestra, mucha turbulencia alrededor. No me considero ni pesimista ni extremista, sino más bien realista, y la realidad —de acuerdo a la Palabra de Dios y los datos empíricos día tras día—, es que conoceremos de pruebas y tribulaciones en nuestras vidas y, por lo tanto, *no deberíamos sorprendernos* (1 Pedro 4:12). Sin embargo, siempre es muy sorprendente, ¿verdad? En cierta manera, nunca esperamos tantas circunstancias impredecibles en nuestro camino, esos giros bruscos que nos aterrorizan. Queremos que todos los pronósticos sean soleados y que el viento siempre esté a nuestras espaldas. Tendemos a ser santos buenos, a los que les encantan esos días de cielo azul. Casi no sabemos qué hacer con nosotros mismos cuando los resultados de la prueba son positivos, cuando llegan los papeles de divorcio, cuando la reducción significa pérdida de nuestro trabajo, cuando la única opción es la admisión a una sala de psiquiatría.

Tenía veinte años y estaba recién casado cuando mi padre falleció. Fue brutalmente asesinado por un ladrón de tiendas, golpeado con un martillo de la ferretería donde trabajaba mi papá. Durante diez días después del ataque, mi padre estuvo en el hospital, en cuidados intensivos, inconsciente entre la vida y la muerte. Nuestra familia y la iglesia oraron y oraron, pero papá nunca despertó. Murió a la edad de cincuenta y seis años, dejando a mi joven madre viuda, dos hijos y toda una familia extensa devastada.

Mi pastor, el doctor Fred Swank, llamó ese día que papá murió y nos dio un mensaje de consuelo. Aunque era tosco, fue un ángel para mí ese día. Nos dio un versículo para que nos aferráramos a él, un salvavidas en medio de nuestra tormenta más dura. Fue Salmos 57:1 (RVR60), que dice:

> Ten misericordia de mí, oh Dios,
> ten misericordia de mí;
> porque en ti ha confiado mi alma,
> y en la sombra de tus alas me ampararé
> hasta que pasen los quebrantos.

Todos esos años más tarde, todavía recuerdo ese versículo y la fuente de fuerza y estabilidad que fue para mí cuando mi mundo fue estremecido horriblemente. Casi siempre le menciono este mismo pasaje a la gente quebrantada de corazón. La Palabra de Dios siempre conforta a los creyentes en duelo. Nuestras almas pueden refugiarse en Dios; podemos escondernos en la sombra de sus alas. El Salmo 91 lo dice así: «El que habita al abrigo del Altísimo morará bajo la sombra del Omnipotente. Diré yo a Jehová: «Esperanza mía, y castillo mío; mi Dios en quien confiaré» (vv. 1-2, RVR60). Creo que esto es precisamente lo que el ángel vino a decirle a Sheila esa noche, que podía contar con Dios para que la viera y que ella podía contar con Él para que cuidara de ella.

¿No podemos tú y yo dar testimonio de eso? Si has estado caminando con Cristo en cualquier temporada significativa, te garantizo que tienes historias sobre «refugios y ángeles» que contar, momentos en los que te sentiste movido por las tormentas de la vida y, sin embargo, fuiste milagrosamente guardado en el amoroso cuidado de Dios. Todo el ejército celestial vive para declarar: «¡No tienes que saltar por la borda, cristiano! Dios puede ser tu refugio en tiempos de tormenta».

La razón por la que tomamos ánimo

El capítulo veintisiete del libro de Hechos es un ejemplo vivo de cómo los seguidores de Cristo pueden resistir las tormentas de la vida con convicción y gracia. A modo de contexto, vimos por última vez al apóstol Pablo sentado en el duro y frío piso de una celda solitaria en Jerusalén; ahora lo encontramos siendo extraditado en busca de un juicio justo en un barco egipcio que iba a Roma.

A bordo con Pablo estaban otros prisioneros, todos estaban bajo la supervisión de un centurión llamado Julio. El grupo viajaba en una época del año caracterizada por un clima tormentoso, un detalle que Pablo decidió traer a la atención de Julio antes de zarpar. «Señores, creo que tendremos problemas más adelante si seguimos avanzando: naufragio, pérdida de la carga y también riesgo para nuestras vidas», advirtió Pablo en Hechos 27:10 (NTV). Pero aun así el centurión le indicó al capitán de la nave que saliera. Veamos lo que dice el texto:

Cuando un viento suave comenzó a soplar desde el sur, los marineros pensaron que podrían llegar a salvo. Entonces levaron anclas y navegaron cerca de la costa de Creta; pero el clima cambió abruptamente, y un viento huracanado (llamado «Nororiente») sopló sobre la isla y nos empujó a mar abierto. Los marineros no pudieron girar el barco para hacerle frente al viento, así que se dieron por vencidos y se dejaron llevar por la tormenta. Navegamos al resguardo del lado con menos viento de una pequeña isla llamada Cauda, donde con gran dificultad subimos a bordo el bote salvavidas que era remolcado por el barco. Después los marineros ataron cuerdas alrededor del casco del barco para reforzarlo. Tenían miedo de que el barco fuera llevado a los bancos de arena de Sirte, frente a la costa africana, así que bajaron el ancla flotante para disminuir la velocidad del barco y se dejaron llevar por el viento. El próximo día, como la fuerza del vendaval seguía azotando el barco, la tripulación comenzó a echar la carga por la borda. Luego, al día siguiente, hasta arrojaron al agua parte del equipo del barco. La gran tempestad rugió durante muchos días, ocultó el sol y las estrellas, hasta que al final se perdió toda esperanza. Nadie había comido en mucho tiempo. Finalmente, Pablo reunió a la tripulación y le dijo: «Señores, ustedes debieran haberme escuchado al principio y no haber salido de Creta. Así se hubieran evitado todos estos daños y pérdidas. ¡Pero anímense! Ninguno de ustedes perderá la vida, aunque el barco se hundirá (27:13-22, NTV).

He aquí la convicción a la que me referí: Pablo pudo decirles a sus compañeros de viaje con absoluta certeza que a pesar de la terrible tormenta en la que se encontraban, las cosas estaban mejorando, que no se perdería ni una sola vida humana. Y he aquí el porqué: Tuvo un divino visitante angelical la noche anterior. Veamos el relato de Pablo, comenzando con el versículo 23:

Pues anoche un ángel del Dios a quien pertenezco y a quien sirvo estuvo a mi lado y dijo: «¡Pablo, no temas, porque ciertamente serás juzgado ante el César! Además, Dios, en su bondad, ha concedido protección a todos los que navegan contigo». Así que, ¡anímense! Pues yo le creo a Dios. Sucederá tal como él lo dijo, pero seremos náufragos en una isla» (vv. 23-26, NTV).

Esa habría sido una buena noticia, dado el conjunto de circunstancias que los rodeaban. Habiendo aligerado la carga del buque tirándola por la borda, pasaron dos semanas sin comida. Salir de la prueba habría parecido una improbabilidad en el mejor de los casos. Pero al comenzar a amanecer ese día, Pablo se paró delante de ellos —276 a bordo— y propuso desayunar. «Por favor, por su propio bien, coman algo ahora. Pues no perderán ni un solo cabello de la cabeza» (v. 34, NTV).

La tranquilidad de Pablo debió parecer ridícula, dado que momentos más tarde los soldados decidieron matar a todos los prisioneros a bordo para que no pudieran escapar nadando. Pero el texto continúa diciendo que el centurión, decidido a salvar a Pablo, los detuvo. «Les ordenó a todos los que sabían nadar que saltaran por la borda primero y se dirigieran a tierra firme. Los demás se sujetaron a tablas o a restos del barco destruido». Y entonces, justo como Pablo había garantizado, «todos escaparon a salvo hasta la costa» (vv. 43-44, NTV).

Salieron sin peligro de la peor tormenta posible porque Pablo, el hombre de Dios, creyó el mensaje enviado por un ángel. Dios es nuestro rescate y nuestro refugio, nuestro gran amparo en tiempos de tormenta. Es cierto que después de determinarse a obedecer a Dios a cualquier precio, como lo hiciera el apóstol Pablo, puede haber adversarios significativos a quienes encarar, peligros que soportar y obstáculos que superar. Pero Dios promete no dejarnos azotados por el viento y temblando, sino más bien fortalecernos en nuestro tiempo de necesidad.

Paz en medio de la tormenta

Hace poco le pedí a Sheila Walsh que contara su historia a toda la congregación de Prestonwood, de la que ella y su familia son miembros. ¿Quién quiere admitir sus momentos más profundos de lucha frente a miles de personas, además de la radio, la televisión e Internet? Sin embargo Sheila, amablemente, dijo que sí. E hizo un trabajo hermoso.

La parte de la historia de Sheila que más me gustaba era al hablar del hecho de que cuando uno ingresa a una unidad psiquiátrica —aunque se ingrese *uno mismo*— no se le permite salir por lo menos durante setenta y dos horas. La siguiente era su frase clave: «Pero por el hecho de que yo no pudiera salir, no significaba que el Cordero de Dios no pudiera ingresarse también para acompañarme». Dijo que fue allí, en medio de la tormenta más grande de su vida, que descubrió la verdad del Salmo 34:18 (RVR60): «Cercano está Jehová a los quebrantados de corazón; y salva a los contritos de espíritu».

Creo que esto es exactamente lo que el ángel del Señor estaba transmitiéndole al apóstol Pablo, en aquel barco devastado por la tormenta: «Sí, es verdad que no puedes escapar de estos mares violentos en los que estás, pero recuerda: ¡Dios está contigo aquí!»

Es un consejo que haríamos bien en tomar, porque cuando las tormentas de la vida vienen contra nosotros, el último lugar al que tendemos a mirar es el camino de Dios. ¿No es cierto? Cuando uno se ve afectado por algún giro inesperado y tumultuoso de los acontecimientos, ¿no es más probable que se centre en lo terrible de la situación más de lo que se centra en Dios y en su amor? Nos enfocamos en la tormenta ante nosotros, lo cual produce miedo y pánico interno. Esto a su vez produce una ansiedad absoluta. Y entonces ignoramos la presencia de Dios con nosotros allí.

Pablo tomó un enfoque diferente: mirar a su Padre celestial, ignorando así la terrible tormenta. En su espíritu afirmó el tema de Romanos 8 (RVR60), que dice que *nada* puede separarnos del amor de Dios. En los versículos 37-39, dice esto:

Antes, en todas estas cosas somos más que vencedores por medio de aquel que nos amó. Por lo cual estoy seguro de que ni la muerte, ni la vida, ni ángeles, ni principados, ni potestades, ni lo presente, ni lo por venir, ni lo alto, ni lo profundo, ni ninguna otra cosa creada nos podrá separar del amor de Dios, que es en Cristo Jesús Señor nuestro.

Hay una preposición clave en estos versículos, que puedes haber notado, que es la minúscula palabra de dos letras *en*. *En* todas estas cosas, somos más que vencedores. ¿En qué cosas? En las tormentas que no podemos dejar de enfrentar. No podemos escapar de lo que debemos soportar. Pero la presencia de Jesús está aun en las tormentas de la vida. De hecho, lo más cercano que alguna vez estarás del Señor será en tiempos de aguas profundas.

Aquellos a quienes Dios decide ayudar

Ahora, muy probablemente, tú y yo nunca vamos a oír a un ángel hablar. Ni vamos a oír la voz audible de Dios. Pero podemos oír a Dios hablar claramente a través del susurro apacible de su Espíritu cuando se comunica con nosotros a través de su Palabra. Es por esta razón que te ruego que leas la Biblia diariamente. Estúdiala. Medita en ella. Memorízala. Permite que sus verdades llenen tu mente y tu corazón. ¿Por qué? Porque es nuestro salvavidas cuando estamos en mares tempestuosos. Conecta nuestra aterradora realidad con la presencia pacificadora de Dios. El apóstol Pablo describió al ángel que estaba delante de él como alguien que era «del Dios de quien soy y a quien sirvo» (Hechos 27:23). Pertenecer a Dios es conocer su carácter y confiar en sus caminos; servirle es hacer a un lado nuestros planes y tomar los que Él ha elaborado. No podemos lograr ninguno de los dos objetivos aparte de saber y entregarnos a la verdad de su Palabra.

Debido a que Pablo le dio prioridad a pertenecer y servir a Dios, fue vigilado, alegrado y guiado a través de la tormenta más peligrosa de su vida. Le tomó la palabra a Dios y atravesó la tormenta sin un rasguño. ¿No anhelamos tú y yo la misma confianza y convicción? ¿No necesitamos saber que lograremos atravesar la tormenta?

El testimonio de Pablo grita desde los mares aun hoy: «¡Quiten sus ojos de su tormenta, y céntrenlos en su Dios! El que envía ángeles durante las tormentas de la vida está con ustedes».

Quiero ser tan fiel como Pablo, independientemente de las tormentas que enfrente. ¿Puedes imaginarte a Pablo saliendo de esta vida a la siguiente? Me lo magino escuchando un golpe en la puerta: «Pablo, llegó la hora». Me lo imagino siendo dirigido por el pasillo hacia el bloque de ejecución, donde expira su último aliento. Casi puedo oírle decir a su verdugo: «¿Te conté alguna vez lo que me pasó en el camino de Damasco? ¿Cómo cambió Jesús radicalmente mi vida?»

Y con eso, la espada cae. Y al siguiente nanosegundo, Pablo está en la presencia de Dios. «Dios», pudo haber dicho, «yo no era el más fuerte ni el más inteligente ni el más grande, pero desde el momento en que te conocí en ese camino a Damasco, hice todo lo posible para mantener la fe. Mantuve el curso. Terminé la carrera. En cuanto me fue posible, peleé la buena batalla». A lo que estoy seguro que Dios respondió: «Bien hecho, siervo bueno y fiel. Bien hecho. Persona sabia es la que permite que las tormentas multipliquen, no dividan, su fe».

Así son las buenas matemáticas del reino. Nuestras tormentas no tienen por qué derribarnos. Nuestras tormentas pueden servir para multiplicar nuestra fe.

La tormenta más severa de todas

Nosotros experimentamos tormentas en nuestro interior, como la oscura depresión que enfrentó Sheila Walsh y, además, tormentas alrededor de las que giran nuestras vidas: la pérdida de un trabajo, la pérdida de un ser querido, la pérdida de la seguridad financiera, la pérdida de un sueño. Pero sería negligente si no mencionara las nubes grises y aceradas que se unen en el horizonte de la humanidad, incluso ahora mismo, que producirán la tormenta más severa de todas: la tormenta del juicio inminente de Dios.

Recogí una copia reciente del periódico *Dallas Morning News* y leí un debate entre dos distinguidos académicos bajo el título: «¿Se congeló el infierno?» Un profesor que creía en la Biblia tomó la posición, basada en evidencia tanto bíblica como filosófica, de que el infierno existe, mientras que el otro profesor insistió que el infierno es un mito. Curiosamente, el tipo que peleaba contra la realidad del infierno provenía de Sagamore Baptist Church, Fort Worth, una iglesia en la que serví en mis primeros días de pastor. Aunque una vez creyó en la inspirada Palabra de Dios y predicaba la verdad del cielo y el infierno, parecía que había abandonado su fe. El infierno ya no era real.

En efecto, muchas personas no creen que Dios juzgará a alguna persona o cosa; toman la vida a su antojo, con cero consecuencias. Y si bien puede ser conveniente negar el juicio que viene, declarar que un Dios bueno nunca juzgaría a la gente no es la verdad de la que habla la Escritura. *Vendrá* un día en que todos seremos juzgados por nuestro Salvador (Hechos 17:31), y ser hallados separados de Cristo en ese momento implicará sufrir la eterna separación de Dios. Aquí estamos hablando de una tormentosa tribulación, de una magnitud nunca antes vista ni escuchada. Los amantes de Dios que toman su mandato en serio pasarán su vida suplicándoles a los incrédulos: «¡Por favor, amigos! Prepárense».

Sí, las tormentas seguirán viniendo y, sí, una tormenta que *estremecerá al mundo* está ganando impulso; se llama la gran tribulación. Pero aquellos que buscan refugio en Jesús serán

ÁNGELES

salvados de la destrucción que trae. Dios hará un camino para que pasen, porque no los ha puesto para ira. ¡Por eso nuestro compromiso con la fidelidad es importante! Hay viajeros aterrados en nuestros vecindarios y en nuestros lugares de trabajo, en nuestras comunidades e incluso en nuestros hogares que necesitan que alguien como el apóstol Pablo permanezca allí de pie mientras el barco empieza a moverse y que declare: «Crean en Dios. Tómenle la palabra. Ustedes lograrán atravesar esta tormenta sin un rasguño». Necesitarán a alguien que no solo confíe en el mundo natural, sino que también se incline a lo sobrenatural, a la protección divina y a la dirección que Dios promete a aquellos que creen de todo corazón.

Mi hija, Kelly, estaba embarazada de veintiocho semanas de los gemelos Jake y Zach, cuando enfrentó problemas. Gracias a los asombrosos avances médicos, ahora pueden medir todo tipo de cosas durante el embarazo de una mujer que hubiera sido imposible en épocas pasadas. Para Kelly, eso significaba que los médicos podían decir que uno de los niños, Zach, no estaba ganando suficiente peso. Apenas pesaban un kilo trescientos gramos cada uno e inmediatamente después de uno de los chequeos de Kelly, su médico le explicó que si Zach no mantenía por lo menos su peso esa próxima semana, sería necesario un parto de emergencia, lo que significaría que ambos niños nacerían prematuramente. Así que pusieron a Kelly en reposo absoluto y le explicaron que no podían hacer nada excepto esperar.

Ese primer día, toda la familia se amontonó en la habitación que Kelly ocupaba en el hospital. Fue tenso. No estábamos seguros y estábamos preocupados. Ella había deseado tener niños durante tanto tiempo y ahora tenía dos gemelos dentro. Pero, ¿podrían ambos sobrevivir a través de esa tormenta en particular?

Varias horas más tarde, después de que el resto de la familia se había disuelto y dirigido a sus respectivos hogares, me quedé con mi niña. Ella siempre será mi niña, a pesar de que sea adulta, esposa y mamá. Me levanté de mi silla y me paré al lado de su cama, poniendo mi mano sobre su abdomen abultado. Comencé a clamar al Dios del cielo, suplicándole que tuviera misericordia de esos dos niños. Declaré salud y plenitud sobre mis dos nuevos nietos. Oré para que el Señor diera paz a Kelly y a su esposo.

Terminé de orar, besé la mejilla de mi hija y luego bajé a mi auto. Estaba seguro de que Dios había oído nuestra oración y los gemelos estaban a salvo en la tormenta. Exactamente una semana después de esa experiencia, recibí noticias de que Zach no solo había mantenido su peso, sino que había ganado doscientos cincuenta gramos más. Enviaron a Kelly a casa con el visto bueno y semanas más tarde mi hija daría a luz a los bebés, que lograron hacer todo el camino hasta el término completo.

Al final del ministerio terrenal de Jesús, se sentó en el huerto de Getsemaní, frente a una muerte cierta y brutal, clamando: «Padre, si quieres, pasa de mí esta copa».[1] La turbulencia que lo rodeaba era demasiado intensa para soportarla, por lo que el Hijo de Dios pidió alivio.

Sin embargo, al final de su oración, dijo algo asombroso. «Pero», registra Lucas 22:42 (RVR60), «no se haga mi voluntad, sino la tuya». Y con esa declaración de confianza en el Todopoderoso, el siguiente versículo dice: «Y se le apareció un "ángel" del cielo para fortalecerle» (Lucas 22:43, RVR60). Los agentes de Dios trabajan día y noche para cuidar y mostrar compasión a fin de fortalecer a los que aman a Dios, porque a Dios mismo le agrada fortalecer y animar a los que encuentran su fuerza y su valor en Él. ¿No es esa una verdad maravillosa? Isaías 26:3 promete que Él guarda «en completa paz» a los que confiamos en Él, cada vez que *activamos esa confianza*. ¿Y adivina cuándo se activa la confianza más a menudo? Sí, en las pruebas y las tribulaciones de la vida.

Así que, aceptamos que habrá tormentas, a veces pareciera que demasiado severas para soportar. Sin embargo, nos preparamos de antemano para ser nombrados entre aquellos que pertenecen y sirven al Rey. Y practicamos la fidelidad inquebrantable cuando el barco de nuestra vida empieza a mecerse.

Por nuestras palabras, nuestras respuestas, nuestras acciones, declaramos a los aterrados compañeros de viaje: «¡Anímense! Dios sabe dónde estamos».

Tercera parte

El ánimo de los ángeles a medida que te remontas sobre las alas de las águilas

La capacidad real de realizar cada deber espiritual nos es dada. Sin Cristo, nada podemos hacer.

—John Owen

9

Estímulo

Cuando estás espiritualmente aletargado

Los entrenadores de la Liga Nacional de Futbol americano (NFL, por sus siglas en inglés) usan cierta jerga para describir a los jugadores que aparecen en los campamentos de entrenamiento anual de verano a fin de prepararse para los rigores de la pretemporada: Dicen que esos tipos no están en «forma para el futbol». Esos jugadores no pueden correr rápido, no pueden abordar bien y, en algún momento durante la temporada baja, comienzan a lucir desmotivados, flácidos y cansados. Es que quitaron sus ojos del premio Lombardi y ahora, aparte de una transformación física intensa, son de poca utilidad para sus equipos.

Hay un equivalente espiritual a no aparecerse en forma para el futbol. Lo sé porque lo he hecho muchas veces. Los domingos en la mañana vienen con asombrosa frecuencia. Y cuando el grueso de tu trabajo implica tener que decir algo espiritualmente significativo cada semana —así como tener el valor y el convencimiento de decirlo delante de varios miles de personas— es lógico que de vez en cuando te sientas menos que entusiasmado con tu función. La preparación puede ser agotadora. Las necesidades de las personas pueden ser abrumadoras. Las distracciones pueden hacer que quites tus ojos del premio, que en este caso es promover la vida espiritual y el crecimiento en la congregación. Sabes que deberías correr como el viento, pero todo lo que sientes es que estás desmotivado, flácido y cansado.

Eso también les sucede a aquellos a quienes les predico. En ocasiones, el evangelista D. L. Moody solía prohibirle a su líder de adoración que cantara «Firmes y adelante», y le explicaba: «¿Puedes pensar en un grupo de personas que se parezca menos a un ejército que lo que todos nosotros parecemos hoy?»

Me identifico con Moody. Algunos domingos miro a la gente en nuestro centro de adoración y veo a una audiencia aburrida más que a un ejército audaz listo para ganar terreno para Cristo. Por desdicha, la causa de la mayoría de las iglesias aburridas son los predicadores aburridos, algo así como el soso conduciendo a los sosos.

He aprendido que aunque no siempre puedo controlar cosas inevitables como sentirme cansado, poco entusiasta o desprevenido, puedo controlar cómo respondo. Puedo mirar a los héroes bíblicos como David, que en una época especialmente dura «se fortaleció en Jehová su Dios» (1 Samuel 30:6, RVR60), y también al apóstol Pablo, que les recordaba a los maestros de la Palabra de Dios que instaran «a tiempo y fuera de tiempo» (2 Timoteo 4:2, RVR60), y entonces puedo reavivar los dones que Dios me dio. También puedo mirar a la hueste celestial y ser inspirado por los ángeles, cuyo entusiasmo por las cosas de Dios nunca cambia ni disminuye.

Medita conmigo, por ejemplo, sobre la escena en que las mujeres descubrieron la tumba vacía de Jesús. El Evangelio de

Lucas contiene una asombrosa descripción de la ocasión, y allí aprendemos que era el primer día de la semana en las primeras horas de la mañana cuando un grupo de mujeres —María Magdalena, María la madre de Santiago, Juana y otras— llegaron para encontrar que la piedra había sido movida lejos de la tumba y que, basándose en evidencia empírica, alguien robó el cuerpo de su Rey.

Mientras permanecían allí perplejas, dos hombres «con vestiduras resplandecientes» aparecieron al lado del grupo afligido (Lucas 24:4, RVR60) y preguntaron: «¿Por qué buscáis entre los muertos al que vive?» (v. 5). Y continuaron: «No está aquí, sino que ha resucitado. Acordaos de lo que os habló, cuando aún estaba en Galilea, diciendo: Es necesario que el Hijo del Hombre sea entregado en manos de hombres pecadores, y que sea crucificado, y resucite al tercer día» (vv. 6-7). María y las demás asintieron con la cabeza: «*Cierto, cierto. Ahora que lo mencionan, recordamos haber oído algo al respecto*», aunque se preguntaban si sería verdad. Tal vez las mujeres incluso transmitieron su escepticismo a los apóstoles cuando les dieron la noticia de la desaparición de Jesús —una resurrección, dijeron los hombres resplandecientes— porque el versículo 11 dice que «a ellos les parecían locura las palabras de ellas, y no las creían».

Negarse a tomarle la palabra a Dios es un grave error. De hecho, la falta de voluntad de creer que Dios es quien dice que es y que siempre hará lo que dice que hará yace en el núcleo de nuestros días desmotivados e improductivos.

Rehusarse a creer

En términos de especificaciones, algunos escritores del evangelio colocan a los ángeles dentro de la tumba; otros los ponen fuera de ella. Pero de cualquier manera, puedo imaginarme a esos dos ángeles en el cielo momentos antes. «¡Dios! —me los imagino diciendo—: Tienes que hacer algo aquí. ¡Mira a esas mujeres afligidas! ¿Cómo puede su memoria ser tan corta? ¿No recuerdan lo que dijiste que harías? ¡Danos luz verde, Dios! Di que vayamos y en un instante estamos ahí».

Como todos los discípulos de Jesús, antes de la resurrección de este, las mujeres habían pasado su tiempo llorando, afligidas y lamentando la muerte de su Maestro. No confiaron en la promesa que les había dado antes de morir: «Sí, voy a morir, pero no se preocupen ni tengan miedo. ¡Yo regresaré! «(ver Juan 14:1-3). En vez de creer en su palabra, se volvieron hacia adentro y vivieron con desesperación, como si sus días de gloria ya hubieran terminado.

Sin embargo, los ángeles de Dios aparecieron en escena para poner en orden todo aquel pensamiento errante. Los ángeles dijeron: «¿Por qué buscáis entre los muertos al que vive?»; en otras palabras: *¿Por qué están afligidas cuando Jesús les dijo que volvería pronto?*

Hacemos lo mismo en docenas de maneras; nos cansamos, nos distraemos y nos deprimimos, todo porque no podemos tomarle la palabra a Dios. Pero es allí y solo allí —en la Palabra de Dios— que aprendemos a permanecer en forma espiritual, fuerte y sana:

- El agotamiento no tiene por qué ser cierto para ti. Quédate cerca, y te mantendré encendido (Romanos 12:11, Juan 15:5).
- Solo hay una carrera que importa en esta vida. ¡Córrela para ganar! (1 Corintios 9:24).
- Tú estás trabajando para mí, no para tu empleador. Muestra entusiasmo y lo usaré para bien (Efesios 6:7).
- Las tareas que te he dado a cumplir son profundamente importantes. Tus esfuerzos nunca son en vano (1 Corintios 15:58).

- Déjame ser tu combustible y nunca te cansarás ni desmayarás (Isaías 40:31).
- ¡Toma en serio tus actividades diarias! Incluso las pequeñas decisiones piadosas producen legados grandes (Eclesiastés 9:10).
- El letargo nunca caracterizará a nadie que esté buscando el trabajo de restauración conmigo (Proverbios 6:6-8).
- Ama y sirve a los demás como si tu vida dependiera de ello porque, hablando espiritualmente, sí depende (1 Pedro 4:8-11).
- Fija tu mente en mis caminos y mis verdades, no en tu debilidad, sino en mi gran fortaleza (Colosenses 3:2).

Cuando creemos en Dios y confiamos en su Palabra, descubrimos su fuerza inagotable. Estamos seguros que Él satisfará nuestras necesidades y así, con una pasión renovada, vivimos como los guerreros que la Biblia dice que somos.

Cuando decido creer en Dios —en sus promesas, sus seguridades, sus declaraciones, su *verdad*— mi pasión se enciende. Soy reenergizado, soy renovado, me comprometo nuevamente, soy reabastecido y me muero de ganas por servir. En esos momentos me encuentro pensando: *¿Cómo podría sentirme espiritualmente aletargado? Hay trabajo del reino que hacer y Dios ha prometido cosas buenas a los que se unen a ese trabajo.*

Todo se reduce a una simple elección: ¿Creeré en Dios o me rehusaré a creer?

Cerrar la brecha

Los ángeles son un ejemplo de este fervor espiritual. Ellos están *por siempre* emocionados de obedecer la Palabra de Dios y *por siempre* ansiosos de cumplir su voluntad. Parte de la razón de eso es que los ángeles no envejecen. Ya tengo sesenta y tantos años, y puedo decirte con certeza que si todavía tuviera la energía que tenía a los veinte, tendría muchos menos días pesados. Pero hay una razón más profunda para su entusiasmo, creo yo, que no tiene nada que ver con el paso del tiempo. Los ángeles están *constantemente* en la presencia de Dios, y hacen un hábito de ponerse de puntillas para ganar la perspectiva de Dios y luego apresurarse para cumplir su voluntad. Es aquí, en esta tendencia, que encontramos el secreto para combatir el malestar en la vida que sigue a Cristo: *Aquellos que permanecen cerca de Dios permanecen energizados para las cosas de Dios*. Cada vez que estoy desmotivado un domingo por la mañana, por ejemplo, puedo estar seguro de que me he alejado de Dios. Es entonces cuando debo cerrar la brecha.

A veces, cerrar la brecha entre Dios y yo requiere algo incidental, como hacer una pausa antes de subir a la plataforma para predicar, de manera que pueda entregarme a la voluntad de Dios. Puede que ore: «Me siento *a destiempo* esta mañana. Señor, entrego mi vida a ti y me someto a tus propósitos y a tu plan».

Eso significa reunirme con Dios cada mañana esa semana para leer y reflexionar en la Escritura.

Significa volver a contar su fidelidad en mi vida para tener historias nuevas que contar.

Significa involucrarme en una relación genuina y vital con Jesús. También significa ponerme de rodillas y rendirme a Él de nuevo como alguien que está totalmente listo para hacer su voluntad.

Mantener nuestros ojos en el premio

Juan 15 contiene una poderosa promesa para aquellos que pierden su combustión espiritual a lo largo del camino. «Permanezcan en mí», dice el versículo 4, «y yo permaneceré en ustedes. Así como ninguna rama puede dar fruto por sí misma, sino que tiene que permanecer en la vid, así tampoco ustedes pueden dar fruto si no permanecen en mí». Comportarse como la hueste celestial es permanecer constantemente en Cristo. Al reconocer que no podemos hacer nada correcto por nosotros mismos, permanecemos allí a su lado, anhelando su perspectiva, disfrutando de su paz.

Permanecer en Cristo mejora nuestra perspectiva, como se detalla en el capítulo dos, pero también cumple dos tareas adicionales importantes, que me gustaría ver aquí. Primero, permanecer en Cristo *intensifica nuestro poder*; y segundo, *aumenta nuestra producción*, lo cual trae gloria sin igual a Dios.

Poder intensificado

Permanecer en Cristo es estar equipado con un poder que no se puede obtener de otra manera. Seguramente recuerdas la bendición del apóstol Pablo a la iglesia de Éfeso: «Al que puede hacer muchísimo más que todo lo que podamos imaginarnos o pedir, por el poder que obra eficazmente en nosotros, ¡a él sea la gloria en la iglesia y en Cristo Jesús por todas las generaciones, por los siglos de los siglos!» (Efesios 3:20-21). Sí, podemos imaginar escenarios maravillosos en los que lograremos grandes cosas en esta vida, pero si eres como yo, pronto llegarás al final de tu fuerza y te darás cuenta de que un poco de ayuda puede ser agradable.

Hay dos veces cuando la ayuda de lo alto es necesaria para nosotros los seres humanos mortales: cuando nos sentimos fuertes —y, por lo tanto, estamos propensos a la autosuficiencia, la autoabsorción y el orgullo—, y cuando nos sentimos débiles. En ambos casos, Dios quiere brillar.

Aumento de la producción

Vemos que permanecer en Cristo significa mejorar nuestra perspectiva y también intensificar nuestro poder, pero hay un tercer componente que no debemos perder. Permanecer en Cristo es también aumentar nuestra producción, específicamente, la productividad que glorifica a Dios.

Si nos fijamos en Juan 15:4, notaremos que un versículo más adelante, el apóstol señala que los que permanecen en Cristo no darán poco fruto, sino «mucho fruto» (v. 5), lo cual es realmente importante para los que amamos a Dios. Cuando no parezco sobreponerme para predicar el domingo en la mañana, todo lo que tengo que pensar es en la persona que vino a la iglesia ese día colgando de un hilo y desesperada por una palabra del Señor y, *bam*, estoy justo en la zona, listo para predicar con todo lo que tengo. Esto es lo que significa «dará fruto», llegamos a *producir*, en servicio al Señor.

Imagínate cuatro cestas enormes en un círculo alrededor de tus pies. En la primera cesta, no hay fruta; en la segunda, hay unas cuantas piezas. La tercera está dos tercios llena y la cuarta se está derramando. Lo que los ángeles estaban tratando de recordarles a las mujeres en la tumba, así como a nosotros hoy, es que cuando determinemos en nuestros corazones estar cerca de las promesas de Dios, seremos como el cuarto cesto. Independientemente de cómo nos sintamos, nuestras vidas se *derramarán* con bondad y gracia. Podemos pasar de ser gente sin fruto a gente con mucho fruto, simplemente manteniéndonos en forma espiritual.

De la misma manera que todo en el universo, si se deja por su cuenta, tiende hacia más y más desorden, me gustaría proponer que es igualmente cierto, basado en Juan 15, que todo en el universo (incluidos tú y yo) *no* dejado por su cuenta tenderá hacia la productividad y la paz. En Cristo, nuestra vida desordenada es desalojada. En Cristo, somos hechos eficaces y fuertes. Cuando elegimos vivir la vida *perdurable*, por definición mantenemos nuestros ojos en el premio. Y es mucho mejor que cualquier trofeo hecho por el hombre; es el puro deleite de nuestro Padre Dios. «Bien hecho, mi siervo bueno y fiel —dirá—. Mantuviste el curso y terminaste fuerte».

Rapidez para creer

Después que las mujeres informaran a los apóstoles que la tumba de Jesús estaba vacía, dos de ellos se dirigieron hacia Emaús, un pueblo a un poco más de once kilómetros de distancia. Lucas 24 relata la historia de la conversación entre ellos acerca de todo aquel bullicio —que *Jesús estaba muerto, ¿y que ahora está vivo?*— y cómo quedaron estupefactos al encontrar al Mesías al lado de ellos. «Sucedió que mientras hablaban y discutían entre sí, Jesús mismo se acercó, y caminaba con ellos», dice el versículo 15, aunque se les impidió reconocerlo.

Los discípulos de Jesús continuaron explicándole a ese hombre misterioso cómo habían descubierto el sepulcro las mujeres y cómo habían visto a unos ángeles afirmar que Jesús estaba vivo. A lo que el mismo Jesús dijo: «¡Oh insensatos, y tardos de corazón para creer todo lo que los profetas han dicho!» (v. 25, RVR60), lo que significa: «¿No pueden creer ni por una vez?»

Esa es una pregunta que me hago con frecuencia, sobre todo cuando necesito fuerzas. *¿No puedes creer ni por una vez, Jack, que todo lo que Dios ha prometido se hará realidad?*

Él ha prometido fortaleza para los débiles.

Él ha prometido descanso para el estresado.

Él ha prometido paz para los turbados.

Él ha prometido ánimo para los deprimidos.

Dios ha prometido proveer cada cosa buena que necesitemos para conocer la abundancia, la inspiración y el poder. (Ver Romanos 8:32 para comprobarlo.)

Seamos aquellos que son rápidos, no tardos, para creer.

10

Fidelidad

Cuando has sido herido

Nadie se sorprendió más al verme llegar a los doce años de edad que mi madre, por la singular razón de que durante toda mi infancia fui uno de esos chicos con una tendencia impresionante a correr riesgos innecesarios e imprudentes. Pensé que sería interesante, como mencioné antes, abrir la puerta del coche en el asiento trasero en que estaba sentado mientras mi mamá conducía por el camino a sesenta y cinco kilómetros por hora; por supuesto, me caí del coche. Eso fue a los tres años. Unos años más tarde, me clavé el pie con una navaja con la que jugaba, me rompí la clavícula haciendo volteretas y, por accidente, me disparé con una pistola de balines. A los siete años me lancé, pendiente abajo, por la calle del barrio en un vagoncito rojo (como en los X Games, pero muchísimo tiempo antes), pero no llegué al final sin romperme el brazo. Ah… y debo mencionar que el día del incidente del vagón fue el mismo en que me habían quitado un yeso del mismo brazo, el que me fracturé seis semanas antes mientras patinaba. En ese momento, pensé que tener el yeso sería genial: para que mis amigos lo firmaran, para faltar a la escuela unos días y para comer helado. Pero en unas tres semanas, el factor picazón casi me deshizo, por lo que enloquecía pidiendo que me quitaran aquella cosa. Ahora tendría donde firmar seis semanas *más*. Ese día lloré hasta el cansancio.

Si solo hubiera oído a mamá, la más sensata de nosotros, la única que siempre me estaba advirtiendo en cuanto a los malos movimientos. Pero, como muchacho es muchacho, me temo que este (yo) en particular tenía mucho que aprender.

Ahora que tengo bastante edad y, por lo menos, cierta madurez puedo ver que, cuando era niño, pensaba que la colina de la calle del vecindario no era rival para mi rapidez y mi habilidad. Lo mismo pasaba con el arma, el cuchillo y la voltereta hacia adelante que fracturó mi clavícula izquierda. Mi mantra era: «puedo hacerlo», sin importar el peligro potencial que eso tuviera para mi vida. ¡Con cuanta frecuencia probé que mi mantra era errado! En realidad, era como un perrito chihuahua buscando pelear con un bull dog, rogando que me dieran una tunda. Y como los cabellos grises multiplicados de mi querida madre, incluso entonces, pueden atestiguar, ese bull dog podía morder.

Traigo todo eso a colación porque una de las apariciones de ángeles más conocidas y fascinantes en toda la Escritura tiene que ver con otra persona que corrió demasiados riesgos y pagó un duro precio como resultado. Su nombre era Jacob, el que decidió pelear con Dios y se levantó de la pelea con una cojera permanente.

Un sinvergüenza desde el principio

Jacob fue el segundo de los gemelos nacidos a Rebeca e Isaac, y la Escritura nos dice que aun en el vientre los muchachos no se llevaban bien. «Los dos niños luchaban entre sí dentro de su vientre», lee Génesis 25:22 (NTV), «así que ella consultó al Señor: —¿Por qué me pasa esto?—». *¿Por qué me pasa esto?* ¿Te imaginas a una madre embarazada sintiéndose así? Debe haber sido un tipo de lucha libre, allí, dentro de ella.

Llegó el día de dar a luz los niños y Esaú nació primero, seguido por Jacob, que incluso durante el parto intentó obstaculizar la salida de su hermano. El versículo 26 dice: «Después nació el otro mellizo, agarrando con la mano el talón de Esaú; por eso lo llamaron Jacob» (que significa «aferrado al talón» [y engañador]). Jacob nació siendo un engañador, un tramposo conspirador, uno que lucha y contiende, verdad que refleja su propio nombre. ¿Quién quiere ser llamado engañador, conspirador, contendiente, tramposo? Pero, de nuevo, todos nos ajustamos a esa descripción en cierta medida: «Engañoso es el corazón más que todas las cosas, y perverso», dice Jeremías 17:9. «¿Quién lo conocerá?» Tu corazón es engañoso y también lo es el mío. Todo el mundo nace con una naturaleza egoísta y pecaminosa. *Todos* necesitamos ser transformados.

Lucha de jaula

Cuando Isaac, el padre de los muchachos, yacía en su lecho de muerte y se preparaba para entregarle a Esaú la bendición de la primogenitura como hijo primogénito, el siempre engañoso Jacob se deslizó sin ser detectado y engañó a su anciano progenitor, ya ciego, para que le diera el legado de la primogenitura. Luego, el engañador salió corriendo.

Por más de veinte años, Jacob huyó de su hermano, temiendo la retribución si alguna vez se cruzaban sus caminos. Pasaba sus días corriendo de su pasado, huyendo de sus problemas y de su dolor. Pero llegó el día en que no pudo correr más lejos. Esaú se acercaba a él.

El texto dice que Esaú había reunido cuatrocientos combatientes a su lado y que estaba dispuesto a derrotar a su hermano.

Enterado del plan de Esaú, «aquella misma noche Jacob se levantó, tomó a sus dos esposas, a sus dos esclavas y a sus once hijos, y cruzó el vado del río Jaboc. Una vez que lo habían cruzado, hizo pasar también todas sus posesiones, quedándose solo» (Génesis 32:22-24).

No había lugar al que Jacob pudiera correr y esconderse; todo el cielo estaba preparado para enderezarlo.

Continuando con el final del versículo 24, sigamos el relato:

Quedándose solo. Entonces un hombre luchó con él hasta el amanecer. Cuando ese hombre se dio cuenta de que no podía vencer a Jacob, lo tocó en la coyuntura de la cadera, y esta se le dislocó mientras luchaban. Entonces el hombre le dijo:

—¡Suéltame, que ya está por amanecer!

—¡No te soltaré hasta que me bendigas! —respondió Jacob.

—¿Cómo te llamas? —le preguntó el hombre.

—Me llamo Jacob —respondió.

Entonces el hombre le dijo:

—Ya no te llamarás Jacob, sino Israel, porque has luchado con Dios y con los hombres, y has vencido.

—Y tú, ¿cómo te llamas? —le preguntó Jacob.

—¿Por qué preguntas cómo me llamo? —le respondió el hombre.

Y en ese mismo lugar lo bendijo (vv. 24-29)

Ha habido un debate académico a través de los siglos sobre quién era el ángel en cuestión. ¿Era Esaú? Tal vez Jacob pensó eso, en aquella oscuridad absoluta cuando fue atacado. O tal vez era un demonio, ciertamente una suposición razonable, dado el abordaje extraño y aparentemente hostil del ser con quien luchó. Podría haber sido el ángel de la guarda de Jacob, como ha sugerido alguna literatura rabínica a través de los siglos, aunque, ¿cuán despreciable debe ser una persona para hacer que su ángel de la guarda se enfurezca tanto?

Más adelante en la historia, Jacob llamó al lugar donde ocurrió el combate de pelea *Peniel*, porque, Jacob explicó: «Vi a Dios cara a cara, y fue librada mi alma» (Génesis 32:30, RVR60). Sería razonable pensar entonces, que el ángel era Dios mismo, a quien la Escritura llama, «el Ángel de Jehová», una teofanía.

Quienquiera que fuera apareció para entregar un mensaje: Dios tenía un plan pormenorizado para la vida de Jacob, pero este tenía que dejar de huir de Dios, si quería ver desarrollar ese plan.

Ministrar por Dios a los hombres

Este relato siempre me ha intrigado, ¿un ángel luchando con un hombre? Es evidente que vale la pena luchar por algunas causas; y ese ángel creyó que esta era una de esas. Como ves, Dios miraba a Jacob como patriarca de un linaje santo; a través de él vendrían las doce tribus de Israel y por ellas (específicamente, la tribu de Judá), el Cristo encarnado. Pero Jacob nunca sería útil para Dios a menos que dejara de correr, que dejara de vivir para sí mismo. *¿Cómo hacer para que un corredor de toda la vida deje de correr?* Este fue el dilema que Dios enfrentó. Tras esa pregunta hay otra: *¿Cómo hacer que el temerario deje de ser tonto?* ¡Estoy seguro de que mi madre solía preguntarse lo mismo!

Con todo esto en juego, el ángel se acercó a Jacob al anochecer, cuando el hombre estaba solo.

El combate no fue breve, duró desde la oscuridad de la noche hasta el amanecer. Y, al parecer, Jacob no cedió nada puesto que el texto dice que el ángel lo intentó pero no pudo vencerlo. De modo que, para hacer su punto y lograr su propósito, el ángel tocó la cadera de Jacob suavemente, consciente de que aun con el sutil empujón le dislocaría el hueso. *Esto va a dejarle una marca*, pudo haber pensado el ángel. Y, sin embargo, los encuentros con Dios ¿no tienen siempre ese efecto memorable? Sé que recuerdo la caída que me di el día en que mi vagón rojo y yo desafiamos aquella colina del vecindario. Los chihuahuas siempre recuerdan a los bull dogs que les dieron su tunda; la vida tiende a ir así.

Cómo anhelamos desesperadamente ese lugar llamado *Peniel*, donde vemos a Dios cara a cara y nuestras vidas preservadas.

Castigado pero no conquistado

¿No podemos tú y yo reflexionar en nuestras vidas y recordar los tiempos en que insistimos en seguir nuestro propio camino en vez de someternos a la senda y el plan de Dios? ¿Acaso no hemos tenido ambos nuestras caderas descoyuntadas una o dos veces mientras Dios permitía que las consecuencias naturales siguieran su curso? No sé tú, pero yo estoy agradecido por esas experiencias, por las ocasiones en que luché con Dios y perdí. Después de todo, ¿quién en su sano juicio adoraría a un Dios que pudiera enfrentar y hasta vencer?

Mucho mejor es lo que le sucedió a Jacob que, gracias a la intervención angélica, se le recordó quién es Dios realmente. Dios no es el enemigo; nuestra rebelión sí lo es. Dios no es el bull dog; Él es nuestro amigo. «Tú, Señor, eres bueno y perdonador», dice de Dios el salmista, «grande es tu amor por todos los que te invocan» (Salmos 86:5). Aquel que es bueno, perdonador y amoroso dice: «No hay necesidad de buscar pelea conmigo, cristiano. ¿Has olvidado que estoy a tu lado?» Los ángeles siguen estando muy claros en cuanto a esto: se debe luchar *por* Dios, nunca en contra. Esa es muy probablemente la razón por la que el ángel que Jacob enfrentó aquella noche se negara a revelar quién era. Los ángeles se niegan a atraer la gloria para sí mismos; ellos saben que toda la gloria le pertenece a Dios.

Este Dios es el Todopoderoso, asombroso, omnisciente y cercano. Y, sin embargo, igual a su titánica grandeza es la sencilla verdad de que somos *amados* por Él. Dios nos castiga porque nos ama y es por esa misma razón que no nos vence. Él puede tomar parte con nosotros en una pelea o dos, pero al final siempre seremos preservados. Hay una obra de Broadway titulada: *Tus brazos son muy cortos para boxear con Dios* y es verdad; la rectitud le gana al truhan cada vez. Dios aplasta nuestra resistencia para poder reclamar nuestra confianza, es lo que hizo, lo que hace, lo que por siempre hará.

Cuando dejamos de jugar al tonto y dejamos de luchar, vemos que estamos cara a cara con el Amor. Y amor es precisamente lo que vamos a necesitar si alguna vez esperamos recuperarnos del pecado.

La victoria en la lucha

Sabemos por las Escrituras que aunque los ángeles tienen libre albedrío —¿de qué otra manera habría elegido, un tercio de los ejércitos celestiales al comienzo del tiempo, rebelarse contra el Dios creador?— los «ángeles buenos», como son llamados los que residen en la presencia de Dios, permanecen en perfecta obediencia a la voluntad de Dios. Donald Gray Barnhouse escribió: «Una de las diferencias más visibles entre la eternidad y el tiempo es la diferencia entre una voluntad [la de Dios] y más de una voluntad». Vemos en la hueste celestial una sumisión completa a Dios, a su voluntad y a sus caminos.[1] Como exploraremos más adelante, los ángeles existen en el reino hacia el cual tú y yo en última instancia nos dirigimos;

otro mundo, otra realidad, donde, como dice mi amigo David Jeremiah, «el gobierno de Dios es completamente sin oposición e incuestionable».[2]

Para ponerlo de una manera simple, la distinción principal entre nosotros y los ángeles buenos es que estos nunca juegan al tonto. Nunca son *infieles* a Dios. Ciertamente, pueden decidir abandonar su posición de autoridad, abandonar su «propia morada» (ver Judas 1:6), como lo evidenciaron Lucifer y sus secuaces cayendo cual estrellas del cielo y tomando residencia en sus «cadenas eternas». Ellos pueden darle la espalda a Dios, pero la decisión sería eterna. Aunque tú y yo podamos descuidar a Dios el martes y el miércoles arrepentirnos para entrar de nuevo en una relación con Él, como vimos en el capítulo tres, no hay tal proceso redentor para los ángeles. La evidencia del libre albedrío angélico que encontramos en la Palabra de Dios aparece en su creación, pero nunca más después de eso.

¿No sería genial si eso fuera verdad para nosotros?

Piénsalo: en el momento en que confesáramos a Cristo con nuestros labios y creyéramos en Él con todo nuestro corazón, de alguna manera perderíamos mágicamente la capacidad de pecar. ¡Oh, el dolor y el sufrimiento que evitaríamos en este mundo si solo nuestras decisiones de fe permanecieran fijas!

Sin embargo, no es así. Aun después que el proceso de salvación se despliega en nuestras vidas, seguimos siendo una mezcla de lo bueno y lo malo. Obedecemos a Dios y también dejamos de obedecer. Practicamos la bondad y también somos malos. Insistimos en la justicia y apreciamos el favoritismo. Caminamos en sabiduría y también hacemos el ridículo. El enérgico teólogo J. I. Packer lo expresa así:

La energía antidios que el pecado que mora en nosotros desata repetidamente en forma de tentaciones, engaños y distracciones mantiene la perfección total más allá de nuestro alcance. Por perfección total me refiero a lo que Wesley llamó la perfección «angelical», en la cual todo es tan correcto, sabio, sincero y digno de Dios como es posible. El creyente nacido de nuevo que está en buena salud espiritual aspira cada día a la perfecta obediencia, a la perfecta justicia, a la perfecta satisfacción de su Padre celestial; es su naturaleza hacerlo, como hemos visto. ¿Lo logra alguna vez? No en este mundo. A este respecto, él no puede hacer lo que quiere.[3]

Tanto tú como yo podríamos hablar por horas sobre el «pecado que mora en nosotros» que ha sido desatado en nuestras vidas y, sin embargo, tal rebelión no tiene que tener la última palabra. Al igual que Jacob, podemos levantarnos de la lucha y caminar, vivir y prosperar. Podemos decir: «Sí, traté de enfrentar a Dios y, sí, me pusieron en mi lugar. Pero lo *vi*. Lo *encontré*. Me paré *frente a Él* cara a cara. Y si bien la experiencia pudo haberme arrasado, Él me preservó para un propósito que es bueno».

Permíteme mostrarte cómo se desarrolla esto en la vida real. Hace dos años, el 20 de diciembre, mis amigos Levi y Jennie Lusko estaban envolviendo regalos de Navidad para sus cuatro hijas cuando el ambiente festivo de su hogar fue asaltado por un ataque de asma de su pequeña de cinco años. Al principio no se alarmaron; la pequeña Lenya había luchado con el asma toda su vida y, por lo general, unas cuantas bocanadas de su inhalador pondrían sus pulmones a funcionar bien. Pero esta vez, el inhalador no funcionó. Poco después, la niña se puso azul.

Angustiado buscando una solución, Levi tomó el teléfono y marcó el número de emergencia 911. Luego le suplicó a Dios que interviniera rápidamente, para que les diera un giro milagroso a los acontecimientos. Oró para que la respiración de Lenya volviera a la normalidad, para que su bella hija de ojos y cabellos castaños volviera a la vida. Esa era una temporada de vida, no de muerte, de nuevos comienzos, gracias al nacimiento de Cristo. Seguramente no perdería a Lenya en la *época de Navidad*. Seguro que no la perdería en absoluto. La semana siguiente, Levi y Jennie enviarían por correo sus tarjetas de Navidad, cada una de ellas declarando una verdad asombrosa:

Con el poder de Dios, debes soportar sufrimientos por el evangelio. Pues Dios nos salvó y nos llamó a una vida santa, no por nuestras propias obras, sino por su propia determinación y gracia. Nos concedió este favor en Cristo Jesús antes del comienzo del tiempo; y ahora lo ha revelado con la venida de nuestro Salvador Cristo Jesús, quien destruyó la muerte y sacó a la luz la vida incorruptible mediante el evangelio (2 Timoteo 1:8-10).

Lenya no viviría para ver esa tarjeta de Navidad. Se unió a Jesús en el cielo en aquel agónico día del asma.

Invité a Levi a que viniera a Prestonwood hace unos meses para que le contara su historia a nuestra congregación y cuando me envió las notas para su mensaje, noté que había titulado su sermón «Apaga la oscuridad». Ese es, muchas veces, el grito de nuestro corazón, ¿no es así?: Que alguien, *por favor*, apague la oscuridad. No podemos lidiar con el dolor ni con la presión; no podemos tratar otra ola de dolor. Este mundo con su miseria y sufrimiento es *demasiado para soportarlo*.

Nos enfrentamos a la oposición —sea de nuestra propia creación o debido a circunstancias ajenas a nuestro control— y nos sentimos debilitados y desmayados. *¡Dios, tienes que* *sacarnos de este lío! ¡Nuestro corazón no puede soportar otra mala noticia!*

Nos vemos tentados a renunciar a Dios, a ignorar sus promesas, a desconfiar de su fidelidad, a renunciar a Él por completo y a seguir nuestro propio camino. *Si Dios se niega a cuidarme*, razonamos, *tendré que cuidarme a mí mismo*. Y mientras tanto la lección de los ángeles susurra: «La voluntad de Dios es superior a la tuya».

He visto a los Lusko afligirse y yo caracterizaría eso que he visto como *dominio propio*. Les desagradaba lo que sucedió el día en que su hija dejó de respirar y, sin embargo, se negaron a dejar de adorar a Dios.

No ignoraron a Dios.

No desconfiaron de Dios.

No rechazaron a Dios ni siguieron su propio camino.

Al contrario, se acogieron fielmente a la amorosa bondad de Dios tan profundamente como pudieron, creyendo que solo Él podría aliviar su dolor.

Por supuesto, no era la voluntad de Dios que una preciosa niña de cinco años muriera; su voluntad *era* que sus padres confiaran en Él aun cuando la oposición fuera horrible y dolorosa. Su voluntad siempre es que sus seguidores mantengan el rumbo, que permanezcan fieles hasta el final.

11

Victoria

Cuando eres tentado

Unos amigos míos, marido y mujer, viajaban por una carretera hace poco y querían un sándwich de Schlotzsky's. Si vives en un lugar donde esos restaurantes son comunes, sabes que una vez que tienes a Schlotzsky's en el cerebro, nada más te satisfará. La esposa escribió en su teléfono inteligente *Schlotzsky's* y le informó a su marido, que estaba conduciendo, que de acuerdo al dispositivo de posicionamiento global (GPS) en su pantalla, había uno situado cinco salidas más adelante en la carretera. A continuación, procedió a retransmitir las instrucciones paso a paso para llegar lo más rápido posible a sus sándwiches calientes. El marido, aunque quería creerle a su esposa, estaba perplejo.

—Todos estos años nos hemos detenido cientos de veces en esa ciudad y nunca he visto un Schlotzsky's allí —dijo.

A lo que su esposa respondió:

—Bueno, tal vez es nuevo. Quizás acaban de construirlo.

A eso, el marido alegó:

—No lo creo. Es una ciudad pequeña; sin mucha población. No hay manera de que puedan mantener un Schlotzsky's allí. Pero la esposa insistió:

—*Aquí mismo* dice. Schlotzsky's. Salida 247. A cinco salidas de aquí.

El esposo no estaba convencido.

—Escucha —dijo—, si tomamos esa salida, nos costará media hora, *al menos* y, al final, seguiremos con hambre. Allí no hay Schlotzsky's. Te estoy diciendo que tu GPS está *equivocado*.

Bueno, como podrás imaginar, esa conversación era infructuosa. La esposa se sentía extrañamente atada a la «verdad» que provenía de su infalible GPS, mientras que el marido insistía en que si hubiera un Schlotzsky's en ese pueblito insignificante de Estados Unidos, él lo habría sabido antes. Pero, cediendo a los deseos de su esposa, y esperando en secreto que ella estuviera en lo cierto, tomó la salida, pasó la media hora y, como él lo sospechó, siguieron con hambre después de darse cuenta de que el GPS estaba, en efecto, equivocado.

Es evidente que esta esposa no es la única que pone una confianza indebida en su GPS. Hace unas semanas, me divertí leyendo en un hotel un artículo del periódico *USA Today* sobre una nueva encuesta que muestra que seis de cada diez usuarios de GPS dicen haberse extraviado por las voces automatizadas, a menudo con un impedimento direccional, que ellos han llegado a conocer y a amar. Y que los más propensos a utilizar el GPS como dispositivo de navegación principal —lo cual no es una sorpresa— son los hombres.[1] (Nosotros hacemos todo lo posible por evitar preguntarle a otro ser humano una dirección incluido, pero no limitado a, seguir múltiples rutas GPS erróneas en un intento por llegar al destino deseado).

Si eras fan de la exitosa serie de televisión *The Office*, recuerda la escena en la que Michael Scott sigue las instrucciones de su GPS *al pie de la letra*, yendo por la derecha varios metros antes de conseguir un camino de verdad por donde pudiera cruzar a la derecha para terminar hundiendo su auto en un lago.

Es una escena graciosa, aunque en cierto nivel fundamental y demasiado serio, tanto tú como yo podemos identificarnos con la terrible sensación de dejar que una voz poco fiable anule nuestro mejor juicio y nos lleve por un camino desviado. Uno pensaría que ya aprendimos a mantenernos apartados del agua, pero no, allá vamos de nuevo —en sentido figurado— hundiendo los vehículos a diestra y siniestra.

La voz nunca confiable

Tenemos un enemigo muy real de nuestras almas que tiene un plan muy real para nuestras vidas. Al igual que esa voz mecánica errante que mis amigos escuchaban, día y noche nuestro enemigo susurra: «Por la derecha», cuando no hay un buen camino a la derecha que se pueda encontrar. «Vira aquí —murmura—. Sigue adelante. Toma esta ruta. Estarás bien, solo confía en mí. Tu destino está más adelante, a la izquierda».

Seguro que estará allí, es decir, si el destino que esperamos es el infierno. Creemos que vamos a conseguir un sándwich caliente, una pequeña pausa para almorzar, quizás estirar las piernas. Sin embargo, nos sumergimos en un lago profundo, luchando con todas nuestras fuerzas para mantenernos vivos.

Es sutil, el estilo de guerra de Satanás. No hay bombas cayendo, ni aviones explotando, no hay conmoción ni pavor que televisar. Solo unas pocas indicaciones tranquilas que nos tientan: *Prueba. Date un gusto. Ve cómo te va. Estarás bien.*

Permíteme darte una memorable descripción de los efectos de las estratagemas de Satanás. Imagínate a una joven de veinticuatro años de edad, amante de los animales que no quiere nada más en la vida que trabajar con leones, tigres y osos. Vive en California y se entera de que hay unas instalaciones de rescate de grandes felinos a pocas horas al sur de su ciudad natal, y de inmediato completa una solicitud en línea para practicar allí. Es aceptada en el programa de pasantías, empaca sus maletas, consigue un aventón con su padre adorado, y está de camino hacia el trabajo largamente anhelado.

Al llegar, observa la extensa serie de animales en sus espacios como un niño asombrado ante un montón de caramelos de Halloween: *¡Esto va a ser genial!* En los primeros días, a la joven pasante le entregan el plano del terreno y recibe un entrenamiento intensivo sobre cómo tratar exitosamente con animales salvajes fuertes. «Nunca, nunca entres en el recinto del animal», le dice el fundador de la instalación. «Y nunca les des la espalda a tus nuevos amigos felinos». Con eso la envían a atender sus tareas.

A medida que los días se convierten en semanas, el entusiasmo de la joven aumenta. Ama a los animales con los que trabaja y le reporta a su padre que un gato en particular, un león de cuatro años llamado Cous Cous, se ha convertido en su mejor amigo. «¡Es mi favorito!», le decía a menudo por teléfono a su padre. «Tenemos un buen vínculo».

Cuatro semanas después de iniciada la pasantía de la joven, el león favorito le quitaría la vida.

Ella —Dianna Hanson era su nombre— condujo al león a un área de espera para limpiar su recinto, sin darse cuenta de que había olvidado cerrar adecuadamente la puerta. Lo que sucedió después demostró que, a pesar de lo lindo y cariñoso que Dianna creía que era Cous, en esencia, era una bestia salvaje.[2]

Así es como va la carretera pavimentada por el pecado, ¿cierto? Nos sentimos cómodos en nuestro entorno, olvidando que nuestro enemigo bestial —nombrado en la Escritura como nada menos que un león a la zaga— está buscando a alguien a quien devorar.

Los tiempos difíciles demandan una fe fuerte

La tentación es parte de la experiencia humana. Estar vivo implica ser tentado a anular la voz de la sabiduría gritando: «¡Peligro! ¡Peligro!» y, al contrario, acercarse demasiado a la bestia que espera para doblegarnos. Esa bestia —para ti— puede ser una cerveza fría. Puede lucir como una compañera de trabajo atractiva. Tal vez sea desear más dinero. O reconocimiento. O amor. Sea lo que sea que te tiente, siempre puedes superar la tentación. Tú puedes. Yo puedo. Nosotros podemos, por el poder de Dios. Somos vulnerables, pero también podemos ser victoriosos si elegimos depender por completo de Él. Nuestro Señor Jesús modeló una vez esta elección de manera perfecta.

Acto seguido, a continuación del bautismo de Jesús, Mateo 4:1 nos dice que «el Espíritu llevó a Jesús al desierto para que el diablo lo sometiera a tentación». Jesús fue sometido a una serie de tres tentaciones con el propósito de hacer que el Mesías pecara. Pero Satanás se iba a decepcionar mucho ese día, porque Jesucristo salió de esa triple tentación tan intachable como entró. Ni una sola vez negó el poder de su Padre, la provisión de su Padre, el plan de su Padre. No, se mantuvo firme en las fieles promesas de Dios, poniendo efectivamente al diablo en su lugar.

Leemos que Jesús fue llevado al desierto a pasar un tiempo siendo tentado y lo que pensamos de inmediato es: *¡Debió haber estado aterrorizado! Yo lo estaría. ¿Quién querría enfrentarse al diablo cara a cara?* Pero por todo lo que sabemos acerca de la confianza de Cristo en la Escritura, su reacción fue lo contrario. Al determinarse a confrontar a Satanás, estaba diciendo: «Yo soy el encargado aquí, por la autoridad que solo se me dio a mí». Los tiempos difíciles requieren una fe fuerte y la fe de Jesús era la más fuerte que había.

En el transcurso de mi crecimiento —desde los años cincuenta a los sesenta y más allá— un hombre llamado Shug Jordan entrenó al equipo de futbol de los Tigres de Auburn y, por lo que dicen, era todo un personaje. Según una historia, Shug invitó a un ex jugador para que le ayudara a reclutar estudiantes de secundaria que estuvieran por graduarse para su equipo, y cuando se sentó con su nuevo reclutador para prepararlo en su función, dijo:

—Ahora, escucha. Hay cierto tipo de jugador que cuando lo derriban en la cancha, se queda ahí. No queremos un atleta así.

—Shug continuó—: Hay otra clase que, cuando lo derriban, se levanta. Pero cuando lo derriban por segunda vez, se queda ahí.

A lo que el reclutador dijo:

—Nosotros no lo queremos tampoco, ¿verdad, entrenador?

—Correcto —dijo Shug Jordan con una sonrisa—. Tampoco lo queremos.

Shug siguió adelante:

—Hay otro tipo de atleta que, cuando es derribado, se levanta. Si lo derriban de nuevo, se levanta otra vez. Si lo derriban una vez más, se levanta otra vez más. Lo derriban... ¡y se levanta! Lo derriban... ¡y se levanta! Lo derriban una *sexta* vez y una *sexta* vez se levanta.

El reclutador se emociona tanto que casi salta de la silla y dice:

—¡Es *ese* el tipo que queremos! ¿Correcto, entrenador?

A lo que Shug dice:

—¡No! ¡No lo queremos tampoco! ¡Queremos al que está derribando a todos los demás!

Así es como veo la decisión de Jesús de enfrentar a Satanás ese día. «Yo soy el tipo que es capaz de derribarte incluso a ti», pudo haber dicho. «Vienes contra mí y pierdes».

Las tres estrategias de Satanás, entonces y ahora

Quiero mirar las tres tentaciones en sí, anotando lo que nos enseñan tanto acerca de Satanás, el ángel oscuro que se rebeló contra nuestro Padre celestial —que para siempre se sentará en oposición a Dios—, y también la hueste celestial que rodeó a Jesús durante su intenso esfuerzo. Si este relato, que se encuentra en Mateo 4:1-11 (RVR60), te es familiar, al revisar los versículos que he destacado más abajo, pídele a Dios que te revele verdades que quizás nunca hayas considerado.

Entonces Jesús fue llevado por el Espíritu al desierto, para ser tentado por el diablo. Y después de haber ayunado cuarenta días y cuarenta noches, tuvo hambre. Y vino a él el tentador, y le dijo: Si eres Hijo de Dios, di que estas piedras se conviertan en pan. Él respondió y dijo: Escrito está: No solo de pan vivirá el hombre, sino de toda palabra que sale de la boca de Dios. Entonces el diablo le llevó a la santa ciudad, y le puso sobre el pináculo del templo, y le dijo: Si eres Hijo de Dios, échate abajo; porque escrito está:

A sus ángeles mandará acerca de ti,

y,

en sus manos te sostendrán,
para que no tropieces con tu pie en piedra.

Jesús le dijo: Escrito está también: No tentarás al Señor tu Dios. Otra vez le llevó el diablo a un monte muy alto, y le mostró todos los reinos del mundo y la gloria de ellos, y le dijo: Todo esto te daré, si postrado me adorares. Entonces Jesús le dijo: Vete, Satanás, porque escrito está: Al Señor tu Dios adorarás, y a él solo servirás. El diablo entonces le dejó; y he aquí vinieron ángeles y le servían.

Vemos aquí que las tentaciones de Jesús eran como las nuestras hoy. Y el mismo enemigo que lo insultó y lo tentó, se burla de nosotros y nos tienta. «Porque nada de lo que hay en el mundo», dice 1 Juan 2:16, «los malos deseos del cuerpo, la codicia de los ojos y la arrogancia de la vida, proviene del Padre, sino del mundo».

Tentación # 1:
Apetitos físicos: la lujuria de la carne
Las tres tentaciones que Cristo enfrentó son las mismas que Satanás lanza a nuestro camino hoy. Evidentemente, la creatividad no es su punto fuerte, ya que no tiene nuevas estrategias que reportar. El primer intento que hizo Satanás al invitar a Jesús a pecar fue apelar a sus apetitos físicos. «Tienes hambre, ¿verdad? —, le dijo al Hijo de Dios, que había estado ayunando por cuarenta días—. Entonces convierte estas piedras que tengo en mis manos en pan. Satisfácete a ti mismo. ¡Necesitas comida!»

Si alguna vez te han hecho un análisis de sangre minucioso, sabes que a menudo se te pide que ayunes doce horas antes de ir al laboratorio. Imagínate que este está al lado de un gran restaurante. Ahí estás, hambriento después de abstenerte de comer por medio día y, al entrar al laboratorio para que te extraigan la sangre, tus fosas nasales se llenan con el aroma de un jugoso bistec. Tentador, ¿verdad? Ahora, multiplica eso por cuarenta. Satanás seguramente pensó que iba a hacer caer a Jesús allí. Pero no cayó.

La mayoría de los pastores que conozco disfrutan de una buena comida caliente, así que probablemente podrías adivinar mi opinión con respecto a la comida, que es que no hay absolutamente nada de malo en desear o comer alimentos.

La comida es un deseo natural y normal, sin ella moriríamos. La tentación aquí tenía menos que ver con la comida que con el deseo de cumplir un deseo dado por Dios de una manera prohibida por Dios. «Tú me satisfaces más que un suculento banquete», declara Salmos 63:5. «Te alabaré con cánticos de alegría» (NTV).

Si Jesús hubiese convertido esas piedras en pan y satisfecho su hambre de entonces y de allí, habría terminado su ayuno en el tiempo de Satanás y no el de Dios. Habría perdido su compañerismo con Dios.

Tentación # 2:
Ambición personal: la lujuria de los ojos

La segunda tentación vino en forma de una apelación a la ambición personal de Cristo. Satanás llevó a Jesús al pináculo del templo, el cual —basado en las visitas que he hecho al valle de Cedrón por años—, tiene una visión verdaderamente magnífica. Satanás le dijo: «Si saltas de este pináculo, los ángeles te sostendrán, ¡Seguro que Dios no te dejará morir! Será un espectáculo notable y todos te aceptarán como el Mesías que dices que eres».

Satanás, en esencia, le estaba diciendo esto: «Toma un atajo. A Dios no le importará».

El atajo estaba destinado a evadir la necesidad de la cruz. Jesús no vino al planeta Tierra la primera vez para ser aceptado como el Mesías, sino más bien para ser rechazado como el siervo sufriente y para sufrir una muerte agobiada por la humanidad. Satanás quería que Jesús pusiera a prueba a Dios. Y quiere lo mismo para ti y para mí, que perdamos la fe por nuestra propia ambición.

«Toma el camino fácil —susurra—. ¿Qué es una pequeña mentira blanca si te lleva a donde quieras ir?» Él siempre está sugiriendo quedamente que demos un paso sensacional o atraigamos a la multitud. «Rodea el camino angosto», se burla de nosotros. «En el camino ancho es donde está lo bueno». Nos encontramos tentados a aceptar su oferta, aun cuando sabemos que eso no va a terminar bien. «El que no quiere caer, no debe caminar en lugares resbaladizos», dice el axioma. Jesús no cayó.

Tentación # 3:
Alianza espiritual: la vanagloria de la vida
Por último, el texto nos dice que Satanás llevó a Jesús y le reveló todos los reinos del mundo, diciendo: «Todo esto puede ser tuyo, simplemente con postrarte y adorarme». ¿Postrarse y adorar a Satanás? ¿Quién en su sano juicio haría eso? Leemos la tentación y pensamos: *Bueno, ¡por supuesto que Jesús dijo que no!* Nosotros haríamos lo mismo, ¿no es así?

Me temo que la verdad es esta: Si el mismo Satanás se paseara en la habitación donde estás sentado leyendo este libro, estarías menos inclinado a huir gritando que a bajar el rostro y caer postrado en adoración absoluta. La Biblia enseña que Satanás se disfraza como ángel de luz (2 Corintios 11:14), y dada nuestra propensión colectiva como seres humanos a ser atraídos por las cosas brillantes y resplandecientes, ¿no es bastante sensato ese disfraz?

Él se aparece cubierto de una falsa luz para ver si puede tentar nuestro lado oscuro. «No me rechaces —dice tranquilamente—. Únete a mí. Adórame y el mundo será tuyo».

Jesús, con mucha confianza, dijo que no.

Firme en las promesas de Dios
La manera en que Jesús refutó cada una de las tentaciones de Satanás modela para nosotros lo que debemos hacer en el momento en que estemos siendo tentados. Cuando el enemigo de nuestras almas trata de convencernos de que Dios no

puede o no quiere proveernos según nuestra necesidad, podemos repetir las palabras de nuestro Rey: «¡Escrito está! No solo de pan vivirá el hombre». Traducción: *Solo Dios sabe lo que realmente necesito. Y solo Él puede proveerlo. Esperaré por la provisión de Dios.*

Cuando Satanás quiera entrar con su hablar suave a aprovechar nuestra ambición personal, podemos decir lo mismo que Jesús: «Escrito está: No tentarás al Señor tu Dios. —En otras palabras—: No elegiré al mundo porque estoy siguiendo a Jesús».

Y cuando el diablo venga ofreciéndonos el mundo entero a cambio de devoción a él, podemos recordarle que él ya perdió la batalla con el Dios todopoderoso. Solo Jesús es Señor y solo Él merece nuestra adoración

Cuando el tentador viene a seducirnos, podemos clamar *victoria* en vez de derrota. El versículo final de este pasaje de Mateo dice que como Satanás no pudo refutar las respuestas de Jesús, simplemente se volteó y se fue. Los ángeles a quienes Él creó ministraron consuelo y fortaleza al Salvador.

Lo que los ángeles sabían ese día, mientras veían a Jesús sufrir las punzadas de la tentación, era que la vida en la tierra caída está definida, no por el consuelo, sino por el conflicto. No nos gusta este asunto, pero es cierto. Trabajamos lo máximo a fin de ganar dinero suficiente para mantener un estilo de vida que incluye una casa bonita, un auto nuevo, un guardarropa con estilo, vacaciones relajantes, matrícula para las escuelas que elijamos para nuestros niños, entradas para eventos deportivos y comidas en nuestros restaurantes favoritos tan a menudo como nos plazca. Nos dedicamos a complacernos con una versión adulta de los caprichos infantiles, con juguetes, helados y gritos de alegría cada vez más intensos. A menudo vivimos como si la comodidad fuera el objetivo más noble, aun cuando a nuestro alrededor se libra la guerra más sangrienta, cortesía de los demonios residentes del infierno y de su líder, Satanás, cuyo propósito es robar, matar y destruir. Cuando enfrentamos obstáculos a nuestra comodidad y a nuestra felicidad, tenemos una sensación de decepción, desilusión e incluso de *conmoción*. «¿Cómo podría estar pasándonos esto?», preguntamos mientras miramos al cielo con escepticismo. «¿Dios? ¿Todavía me amas? ¿No ves lo injusto que es esto?»

A diferencia de nosotros, a los ángeles no les sorprendió ese día cuando presenciaron cómo Jesús encontró oposición a la causa de su Padre. Ellos sabían lo que todos debemos saber: Satanás es real y quiere destruir nuestras vidas.

Jesús también entendía esa realidad, razón por la que creo que no invocó a los ángeles para que lo rescataran de las mentiras de Satanás. Los ángeles seguramente querían protegerlo, ya que lo amaban profundamente.

Mirando hacia el futuro, el último libro de la Biblia dice que cuando Dios elimine para siempre la influencia de Satanás en el mundo, solo necesitará un ángel poderoso. Apocalipsis 20:1-3 lee:

> Vi además a un ángel que bajaba del cielo con la llave del abismo y una gran cadena en la mano. Sujetó al dragón, a aquella serpiente antigua que es el diablo y Satanás, y lo encadenó por mil años. Lo arrojó al abismo, lo encerró y tapó la salida para que no engañara más a las naciones.

Frustrar las tácticas intimidatorias de Satanás en el desierto ese día no habría sido nada para la multitud celestial. Y, sin embargo, el texto dice que Jesús no los llamó y que ellos tampoco actuaron. No interrumpieron lo que Dios estaba haciendo en el curso de la historia, aun cuando querían ver a Satanás en su lugar.

El control de los ángeles

Shakespeare le dio nombre a la tentación: «el demonio que tengo en mi codo», una descripción realmente pegajosa. Si hay algo que caracteriza a esta batalla en la que estamos es la tentación, seguro. La tentación dice: «Dios no puede satisfacerte. En vez de eso, busca el placer ilícito». La tentación dice: «Dios no abrirá camino para ti. Vas a tener que abrirte camino a punta de engaño». La tentación dice: «Dios nunca te usará después de lo que has hecho. Estás solo en esto».

Prepárate para detectar una mentira cuando la oigas.

Solo *Dios* puede satisfacer completamente.

Solo *Dios* puede traer verdadero éxito.

Solo *Dios* puede hacernos importantes.

Solo *Dios* puede guardarnos en las tormentas de la vida.

Los ángeles entendieron esta verdad mientras esperaban para ministrar, al fin, al Cristo comprensiblemente agotado. Sus acciones clamaron a través de los cielos y la tierra: «¡Dios es digno de ser obedecido y de que confíen en Él!»

Sí, ellos despreciaban la oposición. Sí, detestaban el dolor de Jesús. Aun así, resolvieron mantener su creencia de que Dios restauraría *todas las cosas* al final. En su inquebrantable obediencia al plan de Dios ese día, decían: «Hemos experimentado el resplandor del Más Radiante y la oscuridad no tiene ninguna posibilidad». Satanás es un enemigo derrotado.

Quiero que mi vida diga lo mismo. Sí, me prepararé para la batalla, consciente de que el mundo no es un parque de diversiones sino un campo de batalla. Pero cuando me encuentre con la oposición y la tentación, no me sorprenderé, tampoco negaré a Dios ni desconfiaré de Él. «Ustedes no han sufrido ninguna tentación que no sea común al género humano», dice Pablo en 1 Corintios 10:13. «Pero Dios es fiel, y no permitirá que ustedes sean tentados más allá de lo que puedan aguantar. Más bien, cuando llegue la tentación, él les dará también una salida a fin de que puedan resistir».

Como los ángeles —y el Hijo obediente— que siempre obedecen al Padre y nunca lo cuestionan ni renuncian a su plan, quiero afrontar cada batalla que tenga que enfrentar en esta vida con esta única resolución: «Tú guías y yo te sigo, Señor. En ti, encuentro mi salida de escape».

¡Haz esa movida!

Como dice la historia, a principios del siglo diecinueve, un jugador de ajedrez que también tenía capacidades artísticas pintó una partida hipotética de ajedrez entre un joven y Satanás. Según el pintor, las apuestas eran bastante altas. Si el joven ganaba, sería liberado del mal para siempre pero, si Satanás ganaba, el joven sería esclavo del enemigo para siempre.

En la pintura, Satanás acababa de mover a su reina y anunció que en cuatro movimientos hará jaque mate. Con esa información, el joven permite que su mano se mueva sobre su torre. *¿Es esta realmente la movida correcta? Según mi compañero de juego, estoy condenado.*

Un día, el maestro de ajedrez Paul Morphy vio la pintura y estudió el tablero ficticio por más de treinta minutos. Mientras examinaba todos los movimientos a la disposición del joven, sus ojos finalmente se iluminaron con una solución que incluso el artista no había considerado. Olvidando por un instante que el juego no era real, sino imaginario, le gritó al cuadro: «¡Joven, haz esa movida!»[4]

Muchas voces van a competir por tu atención en esta vida, unas muy bien intencionadas y otras claramente no. Hay una movida que puedes hacer que te dará la victoria sobre Satanás. Ese movimiento es confiar en Cristo y recibir su gracia, su amor y su poder. Escucha la voz del Espíritu de Dios diciendo: «¡Haz esa movida!» No tienes que vivir derrotado.

La próxima vez que Satanás se burle de ti y te tiente, puedes decir con convicción en Cristo: «Viviré en victoria, no en derrota. Elijo la vida, no la muerte. Viviré en obediencia a Él».

Y, entonces, justo cuando un vigilante en el muro se apresura a decirle al comandante en jefe que la batalla está en marcha, que el enemigo se está acercando, corres a la presencia de Dios, tu comandante en jefe espiritual, que promete traer todo el poder del cielo para enfrentar las obras malas del enemigo, aunque eso signifique enviar ángeles para montar guardia. El mismo poder que Jesús experimentó para vencer la tentación es el que está a disposición tuya y mía. «Porque el que está en ustedes es más poderoso que el que está en el mundo» (1 Juan 4:4). Jesús era y es Dios, pero no presumió de su rango cuando derrotó al diablo. No, Él nos mostró que incluso en nuestra humanidad, podemos enfrentarnos a Satanás y ganarle. Tenemos victoria en el nombre de Jesús, Apocalipsis 12:11 nos asegura: «Ellos lo han vencido por medio de la sangre del Cordero y por el mensaje del cual dieron testimonio; no valoraron tanto su vida como para evitar la muerte».

Tú y yo podemos enfrentar a Satanás, y *ganarle*.

Cuarta parte

La presencia de los ángeles mientras permaneces en curso con Cristo

Muchísimos de nosotros terminamos conformándonos con la mediocridad espiritual en vez de esforzarnos por la madurez espiritual. Jesús habla a ese anhelo aventurero, que tenemos tan arraigado, desafiándonos a salir de la jaula. Pero esa salida significa renunciar a aquello en lo que encontramos nuestra seguridad e identidad aparte de Cristo.

—Mark Batterson

12

Compañerismo

Cuando estás solo

A principios de la década de 1920, los líderes comunistas de la entonces Unión Soviética idearon un elaborado sistema por el cual podían encarcelar a opositores y disidentes —ya fueran descubiertos o reales— de la aventura política que estaban tratando de forjar. Enviaban a los ofensores a campos de trabajos forzados, que con el tiempo llegaron a ser conocidos como GULAG, un acrónimo ruso que traduciría algo así como «administración principal de campos». De 1929 a 1953, más de dieciocho millones de personas fueron retenidas en contra de su voluntad en el Gulag, y como cada uno de ellos atestiguaría (como muchos hicieron, al salir vivos), la vida allí era tan horrible como cualquiera lo esperaría. Las raciones alimenticias y la ropa no eran adecuadas; las habitaciones no tenían aislamiento (lo que las hacía congelantes en el invierno soviético); la higiene era insuficiente; el cuidado de la salud era inexistente; el espacio personal no estaba permitido; y el tortuoso trabajo físico era inhumano. Había piojos en abundancia. Ratas rabiosas. Perros flacos vagaban por el terreno. Lo que es peor, los prisioneros se desesperaban tanto por la comida que empezaron a comerse los piojos, las ratas y los perros, razón por la cual algunos informes muestran más de diez millones de muertes al final. Incluso las almas más resistentes no pueden sobrevivir a condiciones como esas.

Mucho antes que existiera el correo electrónico, los mensajes de texto y el Twitter, la gente se escribía cartas entre sí —con pluma y papel— y las enviaban por correo, con sellos y direcciones de retorno. ¡Imagínate eso! A principios de la década de 1930, dos amigos intercambiaban correo postal cuando el gobierno soviético interceptó algunas de sus cartas y decidió que no les gustaba lo que veían. Así que le cayeron encima al primer escritor de cartas, un soviético llamado Aleksandr Solzhenitsyn, y lo encarcelaron por burlarse del gobierno soviético y de sus dirigentes. Tal vez un poco de tiempo en el Gulag pondría al cómico en su lugar.

Solzhenitsyn soportaría la dureza y desolación de aquel campo de trabajo la mayor parte de unos diez años, pasando a la historia como un prisionero político internado por oponerse al mismo poder que los poderosos anhelaban tan desesperadamente.

Casi una década después del encarcelamiento de Solzhenitsyn y del consiguiente exilio, él llegó a un punto crítico. Había logrado llegar hasta allí. Recordó que, al principio de su condena (oficialmente por «propaganda antisoviética»), habían dicho que sería puesto en libertad en ocho años. Pero no podía contar con eso. A la gente la estaban haciendo morir de hambre y haciéndolos trabajar hasta el desfallecimiento a diestra y siniestra. ¿Amanecería alguna vez el día de su liberación?

Una mañana despertó en su celda y pensó: *Mi esperanza se acabó. Ya he tenido suficiente.* Y fue entonces cuando planeó su liberación. No vendría por el gobierno soviético, sino por su propia mano. Aquí es donde las cosas se ponen buenas. En 1976, durante una reunión religiosa en San Diego, el inimitable Billy Graham relató la historia que había oído decir a Solzhenitsyn en persona. Solzhenitsyn estaba sentado allí en su celda, desanimado, desalentado y debilitado. Estaba tan frágil como una mariposa. Enfermo. Agotado. Absolutamente *cansado* de los tiranos sin corazón que lo habían puesto allí. Comenzó a tramar un plan para suicidarse más tarde ese día. Pero tan pronto como empezó a soñar despierto con eso, su compañero de celda vino y se sentó a su lado.

A los prisioneros rusos no se les permitía hablar entre ellos y, por lo tanto, en virtud de su entrenamiento, Solzhenitsyn simplemente se quedó mirando. Después de una pausa, el hombre tomó un palo que tenía en la mano y grabó una cruz primitiva en la arena. Una vez que estuvo seguro de que Solzhenitsyn había visto las dos vigas de la cruz recién tallada, el hombre limpió el piso con su mano. (Si los guardias de la prisión hubieran detectado tal desviación, Solzhenitsyn seguramente habría sido asesinado.) El hombre se levantó de limpiar el suelo y se quitó del lado de Solzhenitsyn.

Como le dijera Aleksandr Solzhenitsyn más tarde a Graham, en ese momento le golpeó la realidad de que a pesar de sus circunstancias, le interesaba a Dios. Dios lo amaba; Dios estaba con él. Dijo que el gesto inesperado de un ser humano generoso era todo lo que necesitaba para continuar. Dios no lo había olvidado. Incluso en el Gulag, Dios era todavía Dios.[1]

Nadie en su buen juicio podría envidiar las condiciones deplorables de Solzhenitsyn en todos esos años, o las del difunto Nelson Mandela, o las del una vez prisionero de guerra senador John McCain, o las de un sinnúmero de africanos deportados de su patria, o las de miles de otros ejemplos de personas mantenidas esclavizadas contra su voluntad. Y sin embargo vemos, incluso en su desesperación, aun en su abatimiento, que Dios aparece y muestra su fortaleza. Se acerca a ellos —y a nosotros— con un recordatorio importante: que ha estado con nosotros todo el tiempo.

En el capítulo seis, vimos lo que sucedió después de que el apóstol Pedro fuera liberado de la prisión por un ángel que operaba en nombre de Dios, pero me gustaría retroceder y centrarme en lo que ocurrió antes de la fuga de la cárcel. ¿Con qué realidad se topó Pedro (y Solzhenitsyn, si vamos al caso) que pudiera ser de valor para nosotros hoy?

Dios con nosotros, todo el tiempo

Hechos 12 nos dice que el rey Herodes estaba furioso, buscando seguidores de Cristo para matarlos. Ya había asesinado a Santiago, el hermano de Juan y, según el versículo 3, una vez que vio lo bien que les pareció esa decisión a los judíos, fue tras Pedro para vengarse.

Había llevado a Pedro a la cárcel, pero el linchamiento del prisionero tendría que esperar. Era la semana de la Pascua, después de todo, una temporada importante y sagrada entre los judíos. Así que Herodes flanqueó a Pedro con cuatro escuadrones de soldados, dieciséis en total, para asegurarse de que no surgieran asuntos graciosos, ni intento de escape.

La escena aquí es increíble: imagínate que te arrestan por hablar del amor y la gracia de Dios, y te arrojan a una celda con unos guardias enormes y con mal aliento encadenados a tus muñecas. Jesús —el Salvador y Mesías—, ya había sido asesinado, y te dicen que mañana es el día D para ti. El gobernante político de ese lugar te desprecia a ti y a los de tu clase; por eso no hay esperanzas de un juicio justo a tu favor. Es más, tus amigos más queridos no pueden hacer nada para ayudarte, excepto orar para que ocurra un milagro. Qué día tan deprimente y, sin embargo, así es exactamente como fue el día de Pedro.

Seguro que tú y yo habríamos sentido esas horas como una eternidad mientras esperábamos el día de nuestra ejecución. Pero Pedro... dormía como un bebé. Y justo antes de que Herodes llamara al prisionero para que comenzara la ejecución, un ángel del Señor se le apareció a Pedro para recordarle que no estaba solo.

Uno es el número más solitario

La Madre Teresa trabajó toda su vida adulta en nombre de la Orden de las Misioneras de la Caridad, organización que fundó y que, hasta 2012, estaba presente en más de 130 países. Ella y sus hermanas religiosas iniciaron las clínicas médicas móviles, los orfanatos, las escuelas, los hospicios, los comedores populares y los hogares para la gente que sufría de VIH y SIDA, tocando incontables millares de vidas en todo ese trayecto. Ella presenció el más profundo nivel de pobreza conocido por la humanidad y, sin embargo, salió con la creencia, que se cita a menudo, de que «la soledad y el sentimiento de indeseable es la pobreza más terrible».

No era la falta de comida lo más difícil para la gente.

Ni la falta de agua potable.

Ni de ropa.

Ni de atención médica.

Era la falta de *compañerismo*, el eslabón perdido de alguien que se preocupa por los demás.

Como yo, es probable que hayas experimentado la extraña sensación de estar rodeado por un gran grupo de personas y, sin embargo, sentirte vacío y aislado. En verdad, he pasado temporadas en las que las circunstancias me han hecho sentir relegado al ostracismo, como si fuera el único que luchara en un momento dado. Por cierto, hay una frase en la clásica película de 1968 —Cupido motorizado—, cuando Herbie —el Volkswagen escarabajo, que es el protagonista principal—, bloquea sus puertas y no permite que sus propietarios, cuyos papeles los interpretan Dean Jones y Michele Lee, salgan de él. Herbie se detiene al lado de una camioneta de colores sicodélicos conducida por un hippie de pelo largo, barbudo y con lentes al estilo de John Lennon, cuando Michele Lee comienza a golpear la ventana y a gritarle al hombre: «¡Ayúdeme! ¿Puede ayudarme, por favor? ¡Ayúdeme! ¡Estoy presa! ¡No puedo salir!» A lo que el hombre responde: «Todos estamos presos, pequeña. Todos estamos encerrados».

En lo que respecta a nosotros, la evaluación del hippie es acertada. Es probable que nunca estemos detenidos físicamente, como estuvieron el apóstol Pedro, Solzhenitsyn y, cómicamente, Michele Lee. Pero en nuestra vida permanecemos encerrados y entre rejas en miles de maneras, porque no nos damos cuenta de que hay opciones. Dejamos que nuestras fobias sociales, nuestra negatividad omnipresente, nuestros contratiempos relacionales pasados, nuestras preferencias, nuestras sensibilidades, nuestras excesivas expectativas y hasta un simple temor nos impidan experimentar una conexión genuina, conformándonos en cambio con ser secuestrados y estar deprimidos.

Ejemplo de ello: A pesar de todo el supuesto progreso que representa la vida suburbana —la propiedad del hogar, las comodidades modernas, el espacio particular— he oído hablar de demasiadas de esas personas que nunca han estado más solos que ahora. Se van a trabajar temprano en la mañana, antes de que cualquiera de sus vecinos estén despiertos, y al regresar a casa —muy probablemente al final de la tarde— se meten directo al garaje contiguo y cierran la puerta con rapidez. Pueden pasar de diez a quince minutos intercambiando detalles logísticos con su cónyuge e hijos, pero la mayor parte de sus horas nocturnas vuelan sentados frente a algún tipo de pantalla. Encienden la televisión o recorren la Internet para embotar el dolor en el interior, pero salen de ahí sintiéndose tan mal como cuando se sentaron. Si la soledad es la pobreza más terrible, entonces un montón de gente acomodada es la más pobre de todas.

Nunca has caminado solo

Acabo de celebrar mi vigésimo quinto aniversario como pastor de Prestonwood y todo el tiempo en que nos hemos reunido como congregación hemos sido dirigidos en la adoración por un gran coro. En cualquier fin de semana, tantos como quinientos cantantes se ubican en el área del coro y dan todo, servicio tras servicio. Si has estado en presencia de cientos de voces entrenadas elevándose para honrar a Dios, sabes cuán emotiva puede ser esa experiencia.

Hay cantidad de antiguos himnos y canciones que realmente hacen que nuestro auditorio se estremezca, pero la melodía que ha tenido el mayor impacto últimamente en nuestra congregación es una canción moderna de Matt Redman llamada «Never once», cuyo coro proclama la verdad de la cercanía de Dios.

Es una gran balada y cuando ese coro gigantesco, unido a las miles de voces de los congregantes, proclama: «¡Ni siquiera una vez hemos caminado solos!», se desarrolla una interesante dinámica. Los esposos y las esposas que llegaron al servicio sintiéndose molestos, distanciados unos con otros, empiezan a acercarse poco a poco. Puedes ver suceder eso ahí mismo: Un brazo que se extiende alrededor de una cintura. Un tierno abrazo por un costado. Unas manos que se sostienen juntas.

Individuos que luchan en algún aspecto de sus vidas con dragones que lanzan fuego por la nariz se enjugan las lágrimas de sus mejillas a medida que van dándose cuenta de la revelación: *Aunque esta situación es desafiante, he de estar bien. ¡Dios es fiel! Nunca he estado solo. Aun ahora, no estoy solo.*

Hombres, mujeres y adolescentes deciden enfocarse menos en sí mismos, liberarse de adicciones, ser más amables y gentiles

ÁNGELES

con los seres queridos, resolver el conflicto que agobia sus corazones, dejar de permitir que las tendencias depresivas los dominen. *Si es verdad que Dios está conmigo, esta soledad no puede invadirme.*

Como digo, cada progreso profundo se hace pasito a pasito y todo se deriva del simple, aunque poderoso, recordatorio de que ni una sola vez hemos caminado solos. La estrella de cine Tom Hanks dijo una vez: «Todo el mundo tiene algo que le consume y, para mí, eso siempre fue la soledad. El cine tiene el poder de hacer que uno no se sienta solo, aunque lo esté». A lo cual me imagino que Dios responde: «Cierto, el cine [las drogas, el alcohol, las relaciones inapropiadas, las travesuras en línea o cualquier número de otros esfuerzos escapistas] pueden hacer que no te *sientas* solo, pero solamente yo tengo el poder de hacer que no *estés* solo».

¿Recuerdas lo que mi amiga Sheila Walsh notó en su primera noche en aquella sala psiquiátrica? Aun cuando sintamos que no podemos salir de nuestras terribles circunstancias, Dios interviene en ellas.

Jesús, amigo de un corazón herido
Wayne Watson lanzó una canción hace muchos años titulada «Friend of a Wounded Heart [Amigo de un corazón herido]». El estribillo dice: «Todo el amor que estás anhelando es Jesús, el amigo de un corazón herido».

Jesús es el compañero que anhelamos; todos los demás arreglos solo nos dirigen a Él.

Esto, por supuesto, es lo que el visitante angélico le estaba transmitiendo a Pedro mientras enfrentaba lo que este creía eran sus horas finales. Claro, en el reino natural, Pedro era un hombre solitario que estaba detenido como un criminal, sin esperanza y destinado a morir. Pero en el reino sobrenatural, la libertad aguardaba. En lo sobrenatural, él no estaba solo. En lo natural, nadie podría ayudarlo, pero ¿en lo sobrenatural? *Jesús había venido* y los ángeles de Dios estaban presentes.

Lo mismo es cierto para ti y para mí.

Cuando el mundo natural que nos rodea grita que a ti nadie te ve y a nadie le importas.

Cuando te implora que creas que eres indigno de relacionarte con los amigos.

Cuando te golpea en el hombro y te dice que tus circunstancias desafiantes van a prevalecer.

Cuando se burla de ti con la idea de que estarás aislado para siempre.

Simplemente debes recordar que esas no son verdades sino mentiras.

En *Unbroken*, la increíblemente hermosa biografía del veterano de la Segunda Guerra Mundial Louie Zamperini, escrita por Laura Hillenbrand, leemos con horror cómo el avión de Louie cae sobre el Pacífico central y él con otros dos sobrevivientes se revuelcan en las severas aguas del océano en busca de algo —cualquier cosa— que preserve sus vidas. Los hombres finalmente son capaces de levantarse en dos balsas que, sin saberlo, serían su hogar por los próximos cuarenta y siete días.

A medida que las horas se convierten en días y estos se transforman en semanas, el calor sofocante, el sol abrasador, el oleaje implacable de las aguas profundas y la evidente falta de comida y agua potable resultan demasiado para Mac, uno de los compañeros de vuelo de Louie. Aunque Louie y Phil, su otro compañero, técnicamente viven, no están muy bien. Cuando la prueba del océano termina, ambos hombres han perdido más de la mitad de su peso corporal.

Leí el libro el año en que salió y me abrumó por lo horrible de las circunstancias de Louie en el mar. No me gustaría ser obligado a soportar un día en esas condiciones y mucho menos casi siete semanas. ¿No se volvería loca una persona allí, luchando por la vida hora tras hora, sin saber si el alivio va a llegar? Y, sin embargo, eso no es todo lo que sucedió en el caso de Louie. La señora Hillenbrand registra cuidadosamente el hecho de que, a pesar de la degeneración física que sin duda ocurrió, la mente de Louie se mantuvo muy alerta. Lo sorprendente es que «Louie observó que la balsa ofrecía un improbable refugio intelectual», escribió ella. «Nunca había reconocido cuán ruidoso era el mundo civilizado». Y continuó:

Aquí, a la deriva en un silencio casi absoluto, sin otro olor que el quemado de la balsa, sin sabor en su lengua, sin otro movimiento que la lenta procesión de las aletas de unos tiburones, todo lo que veía —salvo el agua y el cielo— era vacío, con el tiempo detenido e inquebrantable, su mente libre de impedimentos que la civilización le impusiera. En su cabeza, podía vagar por cualquier parte, por lo que supo que su mente era rápida y estaba clara, su imaginación sin restricciones y ágil. Podía quedarse con un pensamiento por horas, dándole vueltas.[2]

Tal vez fue por esos largos tramos de horas invariables, ininterrumpidas, que Louie tuvo oídos para oír (y ojos para ver) irrumpir lo sobrenatural. Exactamente una semana antes de que Louie saliera de la balsa, volteó al oír el sonido de unos cánticos. Había muchas voces, un coro completo. Miró a su amigo Phil, que parecía ajeno al sonido penetrante, y luego escudriñó el cielo: «*¿Quién o qué estaba haciendo ese ruido?*

Entrecerrando los ojos y enfocándolos directo hacia el sol, Louie vio unas figuras humanas flotando por encima de él. Comenzó a contar las figuras que vio, veintiún seres en total. Y estaban cantando, todos entonaban la canción más melodiosa que había escuchado.

¿Podría alguien con tal agudeza mental estar alucinando ahora? No. Creo que los ángeles llegaron para consolar a ese valiente estadounidense.

Días después, cuando Louie estaba detenido en un campo de prisioneros de guerra japonés, maltratado y abandonado de manera tan traicionera que hasta deseaba la relativa seguridad de su balsa, volvió a escuchar la canción. El canturreo de aquella melodía se convirtió en su canal de esperanza. Dios sabía su ubicación a pesar de la imposible situación que él enfrentaba y que asfixiaba su alma cansada. Sin embargo, lo sorprendente es que no estaba solo.

No sé qué circunstancias te han hecho sentir abandonado y solo, pero dada la prevalencia de la soledad en nuestro mundo, supongo que también has estado en tu propia versión de una balsa a la deriva en el mar; seguro de que estás más allá del alcance de la esperanza, seguro de que ese es tu final. Sin embargo, Jesucristo ha estado allí. ¿Recuerdas las palabras que gritó a su Padre mientras colgaba ensangrentado en la cruz: «Elí, Elí, lama sabactani?». Clamó (Mateo 27:46): *Dios mío, Dios mío, ¿por qué me has desamparado?*

Este era el Hijo de Dios que hablaba; sufriendo y solo.

Los versículos de Hebreos que nos dicen que Jesús conoce nuestras debilidades adquieren un nuevo nivel de significado cuando consideramos esta agonizante escena.

Porque no tenemos un sumo sacerdote incapaz de compadecerse de nuestras debilidades, sino uno que ha sido tentado en todo de la misma manera que nosotros, aunque sin pecado. Así que acerquémonos confiadamente al trono de la gracia para recibir misericordia y hallar la gracia que nos ayude en el momento que más la necesitemos (Hebreos 4:15-16).

Antes de que aquel ángel escoltara a Pedro fuera de la cárcel, el Dios que el ángel representaba ya había declarado a Pedro libre. Libre del dolor de la soledad. Libre de la tentación a desesperarse. Libre de dos preguntas inquietantes: *¿Me ve alguien? ¿Le importo a alguien?* «¡A mí me importas!», declaró Dios desde los cielos. «Y envío a mi mensajero para que te lo pruebe».

Solo tenemos que aminorar el paso y acoger lo sobrenatural que obra a nuestro alrededor. Las voces de los ángeles se elevan al unísono día tras día, noche tras noche, dando testimonio del hecho de que Dios no ha dejado a su pueblo para defenderse por sí solo. «No temas, porque yo estoy contigo», nos dijo el profeta Isaías; «no desmayes, porque yo soy tu Dios que te esfuerzo; siempre te ayudaré, siempre te sustentaré con la diestra de mi justicia» (Isaías 41:10, RVR60). O, en palabras de Brennan Manning: «Sufrimiento, fracaso, soledad, dolor, desaliento y muerte serán parte de tu peregrinar, pero el reino de Dios conquistará todos esos horrores. Ningún mal puede resistir la gracia para siempre».[3]

Si ningún mal puede resistir la gracia para siempre, ¿por qué la vamos a resistir nosotros? La gracia de Dios está aquí, ya. Su presencia está cerca, acompañándonos. Y sus ángeles nos están recordando constantemente que no estamos recorriendo este camino solos.

13

Persistencia

Cuando quieres renunciar

Jim Valvano, nativo de Nueva York, nació, al parecer, con una pelota en las manos. Como atleta en tres deportes a lo largo de su carrera en la escuela secundaria, pasó a jugar como capitán para la Universidad Rutgers y se dedicó al baloncesto de allí en adelante. Luego fue entrenador de baloncesto universitario e incluso dirigió a su equipo del estado de Carolina del Norte a un improbable título de National Collegiate Athletic Association (NCAA) en 1983. Cuando sonó el timbre final, sellando la victoria de Wolfpack sobre Clyde Drexler y Hakeem Olajuwon —del club de la Universidad de Houston—, Valvano corrió por la pista tratando frenéticamente de encontrar a alguien a quien abrazar. ¿Había estado alguien tan jubiloso como para eso? Los radiodifusores que cubrían el juego —y toda una nación de espectadores incrédulos— pensaban que no. Pero el júbilo no duraría para siempre.

Tras una carrera como entrenador de dos décadas de duración y una actividad exitosa después de eso como reportero y locutor en ESPN y ABC Sports, Jim Valvano fue diagnosticado con cáncer. Ocho meses más tarde, durante un discurso pronunciado por él en una celebración conmemorativa del décimo aniversario del título de 1983 del estado de Carolina del Norte, expresó la frase que más se conoce de él: «No te rindas. No te rindas nunca». Un mes después de eso, Valvano estaba en la ceremonia inaugural de entrega de premios ESPY y, cuando subió al escenario para recibir el Premio Humanitario y al Valor Arthur Ashe, cerró su ahora legendario discurso con estas palabras:

El cáncer puede quitarme todas mis habilidades físicas. Sin embargo, no puede tocar mi mente, ni puede tocar mi corazón y tampoco puede tocar mi alma. Y esas tres cosas van a continuar para siempre. Les agradezco y que Dios los bendiga a todos.

Ocho semanas después, a la edad de cuarenta y siete años, Jim Valvano se había ido.

Yo también he estado en un consultorio médico cuando las palabras que tú nunca quieres oír rebotan a través de tus oídos: «Es cáncer». Yo también he estado cara a cara frente a la realidad de la mortalidad, con la idea de que esta existencia humana no durará para siempre. Yo también tuve que dibujar una figura de mi alma cuando comprendí con urgencia que aun cuando la calamidad terrenal puede robarnos mucho, no puede robarle a un alma su lealtad a Dios. Yo también he tenido que decirme una y otra vez: *No te rindas, Jack. ¡No te rindas nunca!*

¡Sí puedo! ¡Sí puedo!

Aunque estamos muy presionados por todos lados, hay algo en el espíritu humano y es que nunca quiere rendirse. Cada uno de nosotros es como ese pequeño motor del libro infantil *The Little Engine That Could* que estaba absolutamente *seguro* de que podría pasar por encima de la montaña que se interponía en su camino. «¡Sí puedo! ¡Sí que puedo!», nos coreamos a nosotros mismos, con más esperanza que la que podamos tener. Si se levanta una montaña financiera, nos decidimos a presupuestar cuidadosamente, a recortar gastos, a recortar lo no esencial. Si se alza una montaña relacional, determinamos tener conversaciones fuertes y despejar el aire. Si surge una montaña relacionada con la salud, limpiamos meticulosamente nuestros actos, coreando: «¡Sí puedo! ¡Sí puedo!», todo el tiempo. *Sí, podemos superar la siguiente colina.*

Nos preparamos, nos entusiasmamos e hinchamos nuestros pechos, dedicados a llegar al otro lado. Pero para la mayoría de nosotros, llega ese momento titubeante cuando nuestras banderas de confianza y nuestra fuerza caen de golpe. El fuerte estribillo —«¡Sí puedo! ¡Sí puedo!»— de algún modo desaparece, sustituido inesperadamente por la duda o por la consternación absoluta. ¿Podré? Empezamos a preguntarnos. *¿Puedo realmente superar esta colina?*

¿Yo? ¿Guerrero?

Hay personas a las que podríamos llamar «¿Puedo?»; y si alguna vez hubo alguien así, ese era Gedeón. En el libro de Jueces, donde hallamos la historia de Gedeón, vemos desarrollarse un ciclo preocupante. Dios dictó unos mandamientos que quería que su amada nación Israel siguiera. Pero, en vez de creerle en cuanto a que la bendición se encontraba en la obediencia, los israelitas se rebelaron contra Dios y cometieron actos de idolatría; esto hizo que hubiera cierta retribución; luego los israelitas clamaban a Dios desesperados, entonces Dios mostraba su misericordia respondiendo amorosamente. Una y otra vez, la nación se comportaba de esa manera: Desobedecían, eran castigados; pedían perdón, recibían gracia. ¡Seis veces hicieron eso! Alguien debió haberles dicho que podían ahorrarse mucho tiempo y angustia aceptando obedecer a Dios en primer lugar, pero dudo que hubieran escuchado. Algunas personas tienen que aprender de la manera más difícil.

La parte de la retribución del ciclo que mencioné usualmente involucraba a ejércitos opositores que se encaminaban contra las fuerzas hebreas, lo cual es exactamente lo que estaba ocurriendo cuando nos encontramos con Gedeón. El ejército madianita había llegado durante la época de la cosecha para asaltar las cosechas de los israelitas y robarles su alimento. En un intento por ocultarse y evitar una masacre absoluta, el pueblo de Israel se escondió en unas cuevas e hicieron su trabajo en el fondo de los lagares, clamando a Dios día y noche.

Jueces 6:11-16 dice:

> El ángel del Señor vino y se sentó bajo la encina que estaba en Ofra, la cual pertenecía a Joás, del clan de Abiezer. Su hijo Gedeón estaba trillando trigo en un lagar, para protegerlo de los madianitas. Cuando el ángel del Señor se le apareció a Gedeón, le dijo:
> —¡El Señor está contigo, guerrero valiente!
> —Pero, señor —replicó Gedeón—, si el Señor está con nosotros, ¿cómo es que nos sucede todo esto? ¿Dónde están todas las maravillas que nos contaban nuestros padres, cuando decían: «¡El Señor nos sacó de Egipto!»? ¡La verdad es que el Señor nos ha desamparado y nos ha entregado en manos de Madián!
> El Señor lo encaró y le dijo:
> —Ve con la fuerza que tienes, y salvarás a Israel del poder de Madián. Yo soy quien te envía.

—Pero, Señor —objetó Gedeón—, ¿cómo voy a salvar a Israel? Mi clan es el más débil de la tribu de Manasés, y yo soy el más insignificante de mi familia.

El Señor respondió:

—Tú derrotarás a los madianitas como si fueran un solo hombre, porque yo estaré contigo.

Esto debe haber sido toda una escena. Un hombre que era el eslabón más endeble en la familia más débil de toda la ciudad fue hallado escondido en la base de un lagar, separando ingratamente el trigo de la paja cuando un ángel enviado por Dios lo encontró y se dirigió a él como «guerrero valiente», después de lo cual estoy seguro de que aquel hombre tan débil debe haber pensado: *¿Eh? ¿Estás hablando conmigo?* Gedeón estaba observando las terribles circunstancias que le rodeaban, pensando: *No creo que pueda, no creo que pueda, no creo que pueda*, a lo que el ángel del Señor estaba diciendo: «Gedeón. ¿Gedeón? Mírame. Gedeón, te estoy diciendo que puedes».

Por el poder de Dios, Gedeón podría.

Cómo equipar a los llamados

Si me pidieras que le diera un nombre a la lección espiritual más importante que una persona pudiera aprender después de convertirse en seguidor de Cristo, la que yo escogería es esta: *Dios no llama a los equipados; Dios equipa a los llamados.* En 1 Corintios 1:26-27, leemos: «Hermanos, consideren su propio llamamiento: No muchos de ustedes son sabios, según criterios meramente humanos; ni son muchos los poderosos ni muchos los de noble cuna. Pero Dios escogió lo insensato del mundo para avergonzar a los sabios, y escogió lo débil del mundo para avergonzar a los poderosos». En resumen, Dios no busca a los más fuertes, más inteligentes, más ricos, más aptos, más ingeniosos o más sensacionales entre nosotros para cumplir con su mandato y realizar su obra; no, la Escritura dice que sus ojos están recorriendo la tierra para ver a aquellos cuyos corazones son completamente suyos. Esta noticia viene de 2 Crónicas 16:9 (NBLH), y ¿recuerdas lo que el versículo dice que Dios hará, una vez que encuentre a aquellos cuyos corazones son irreprensibles hacia Él? Él los va a «fortalecer», que es otra manera de decir que Dios nos equipa solo *después* de que somos llamados.

Cuando era un pastor muy joven —veintisiete o veintiocho años— dirigí una pequeña iglesia en Oklahoma, la Primera Iglesia Bautista de Hobart. Tenía una gran pasión y un aprecio enorme por las cosas de Dios, pero el hecho es que era inexperto, un poco inmaduro, podrías decir. Alrededor de ese tiempo, me invitaron a servir en la mayor reunión de bautistas de todo el estado ese año, como chofer de uno de los oradores, Adrian Rogers. Le habría lavado los pies al hombre y hasta le habría hecho pedicura, con toda honestidad; era muy influyente en los círculos en los que yo me movía. Le dije que sí al organizador de la conferencia con un entusiasmo atrevido y me preparé para recogerlo en la fecha fijada.

Llegado el día de la conferencia, mi esposa y yo nos metimos en nuestro pequeño auto; y nos dirigimos al aeropuerto a buscar al único Adrian Rogers. ¡Ese iba a ser un gran día! Y lo habría sido, excepto que de alguna manera todo salió mal. El vuelo del doctor Rogers fue desviado a Denver debido a que había tormentas de hielo en la zona, por lo que tuve que reportar al organizador de la conferencia la mala noticia de que tristemente no podía llevar al señor Rogers al podio; pero Dios, por su parte, creo que pensó que era el tiempo perfecto para hacerme crecer en la fe. Momentos después de que le presentara todo aquel lamentable panorama al hombre que diligentemente dirigía el evento, el organizador me miró y dijo: «Bueno, parece que usted va a estar predicando para nosotros hoy».

Seguro que malinterpreté las palabras del hombre. ¿Quería que me parara allí por el *doctor Adrian Rogers*? Me sorprende que no me desmayara en el acto.

Años más tarde, después que Adrian y yo nos hicimos buenos amigos, le contaba esa historia de vez en cuando, y siempre le provocaba una risa bondadosa. Lo que yo no sabía es que incluso mientras recibía la asombrosa noticia de que yo —el más inexperto e inmensamente petrificado Jack Graham— estaría predicando en lugar del doctor Rogers, el propio Rogers estaba en aquella aeronave desviada orando por quienquiera que estuviera predicando en lugar de él. Ese «quienquiera», por supuesto, era yo. Y hasta el día de hoy, atribuyo el escaso éxito que logré al predicar un sermón sin desmayarme a Adrian y al Dios que respondió a su oración.

Lo más espectacular ese día fue que sin yo saberlo, una dama que era parte del comité encargado de buscar un pastor para una iglesia grande en Duncan, Oklahoma, estaba sentada en la audiencia mientras yo predicaba. Evidentemente, mi nombre había sido considerado por el comité, pero aquella señora no me consideró porque pensaba que yo era demasiado joven y demasiado inmaduro, lo cual era verdad. Pero después de escuchar mi sermón aquel día, que fue el mismo que prediqué en mi propia iglesia el domingo en la mañana exactamente veinticuatro horas antes de la conferencia, volvió con noticias a sus compañeros diciendo: «Este es nuestro tipo». ¿Y sabes qué? Tenía razón. Antes del año, Deb y yo sacaríamos las estacas y nos mudaríamos a Duncan, donde pastorearíamos la maravillosa congregación de la Primera Iglesia Bautista por cuatro años vivificadores y orientados al crecimiento.

¿Me sentí equipado cuando llegué al escenario de la conferencia ese día? Por supuesto que no, lo cual es exactamente mi punto. Dios nos llama, luego nos equipa para entrar a nuestro llamado, no al revés.

Dios nos ayuda a hacer lo que nos pide que hagamos

Me pregunto si una comprensible falta de confianza fue lo que llevó a Gedeón a responderle al ángel del Señor de la manera en que lo hizo. Él le dijo: «¿No ves lo que está pasando aquí? Nos están amenazando, nuestra nación entera está *escondida*, está muy mal la situación. No hay manera de que pueda salvar a Israel de una destrucción segura. Sería una misión suicida, en el mejor de los casos». ¿Puedes oír esto, en las palabras de Gedeón? Estaba decidiendo renunciar.

En base a las historias registradas a lo largo de la Escritura, se observa que Gedeón no estaba solo cuando estaba haciendo su elección. ¿Recuerdas al profeta Elías? Él fue el encargado de hablarle al malvado rey Acab acerca de Dios y, aunque era un hombre fiel que se sumió en su misión con energía y vigor al principio, se detuvo antes de que la tarea se completara. En 1 Reyes 19, encontramos a Elías, que ahora huye de los guerreros enviados por la furiosa esposa del rey para matarlo, corriendo hacia el desierto y rogándole a Dios que le quitara la vida (v. 4). Al igual que en el caso de Gedeón, fue un ángel el que rescató a Elías de aquella desesperación cierta. «Levántate, come», le dijo el ángel al profeta, que entonces miró y vio delante de él una torta recién horneada y una vasija de agua (vv. 5-6).

En el caso del centurión Cornelio, cuya historia se narra en Hechos 10, otra aparición angélica hizo que el hombre buscara al apóstol Pedro, que le recordaría a Cornelio el anhelo que Dios tenía por la unidad.

Y luego estaba toda la nación de Israel. El pueblo hebreo había pasado por una época difícil, lo cual era innegable. Poco a poco se convirtieron en esclavos en el tiempo que estuvieron en Egipto y por más de cuatrocientos años hicieron el trabajo duro. Trabajaron para dirigentes crueles que, a lo largo de esos cuatro siglos, estuvieron aterrorizados pensando que la nación escogida de Dios se levantara y fuera más poderosa que ellos. Les asustaba pensar que aquellos israelitas fueran liberados de la esclavitud y que se les permitiera comportarse como ciudadanos normales de esas tierras.

Además estaba la probablemente más famosa historia de todos los tiempos acerca de la liberación auxiliada por los ángeles. Dios rescató a su amado pueblo renqueante y lo condujo hacia la tierra prometida. Moisés dice, en Números 20, que envió mensajeros a un rey cercano, pidiéndole un paso seguro para la nación de Israel mientras salía de Egipto —de donde Faraón finalmente los dejó ir—, hacia Canaán, la tan ansiada tierra prometida. Los mensajeros debían llevar palabras importantes con ellos, palabras que leyeron como una lección de historia:

> Tú conoces bien todos los sufrimientos que hemos padecido. Sabes que nuestros antepasados fueron a Egipto, donde durante muchos años vivimos, y que los egipcios nos maltrataron a nosotros y a nuestros padres. También sabes que clamamos al Señor, y que él escuchó nuestra súplica y nos envió a un ángel que nos sacó de Egipto.
>
> Ya estamos en Cades, población que está en las inmediaciones de tu territorio (vv. 14-16).

Es un patrón demasiado contundente para ignorarlo: Sí, Dios puede pedirnos que hagamos cosas desafiantes por el bien de su nombre, pero nunca deja que las hagamos por nuestra cuenta. Cuando creemos que no podemos dar un paso más, cuando llegamos al punto de rendirnos, Dios envía ayuda desde el cielo para recordarnos que con Él podemos terminar bien. Espero que esto sea una buena noticia para ti. Para mí lo es. Piensa en todas las veces que iniciamos una noble carrera con fuerza, solo para desvanecernos mucho antes de la línea de meta. Comenzamos el Año Nuevo decididos a orar con más coherencia, todas las mañanas a las cinco de la madrugada, ¡sin excepciones!, pero en marzo hemos perdido vapor y en octubre apenas recordamos haber hecho el trato. *De todos modos*, razonamos, *las necesidades a mi alrededor son demasiado grandes. No hay manera de que mis oraciones puedan importar tanto.*

Decidimos hablarle de Dios al compañero de trabajo que tiene poco interés en las cosas espirituales, pero perdemos el valor a mitad del pasillo; calculando que no hay forma de superar el escepticismo de esa persona, así que ¿para qué molestarse en intentarlo?

Decidimos de una vez por todas patear esa adicción con la que hemos estado luchando, pero luego observamos todas las veces que lo intentamos, que fallamos, y decimos en nuestros corazones: *Nunca podré vencer en esta área. Mejor será que acepte el hecho.*

Siempre le damos prioridad a la lucha por el corazón de nuestros hijos, pero ahora que están creciendo y el mundo que conocen es tan drásticamente diferente de aquel en que crecimos, nos parece que ninguna cantidad de luz es capaz de penetrar la oscuridad invasora que los rodea. Lanzamos la proverbial toalla, pensando: *Ya no sé qué hacer. La cultura me ganó.*

Analizamos el panorama de nuestro matrimonio y decimos: «¿Por qué debo intentar mejorar las cosas? Esto es lo mejor que va a llegar a ser».

Evaluamos el estado de nuestras finanzas y decimos: «No es nada útil pagar la deuda cuando todo el *mundo* está endeudado y parece que les está yendo bien».

Nos fijamos en la báscula semana tras semana y decimos: «Claro, podría perder veinte kilogramos aunque, en realidad, sería más fácil empujar una piedra de dos toneladas cuesta arriba».

Abrigamos el deseo de aprender otro idioma, de tomar clases de baile de salón, de impartir clases a niños desvalidos, de decidir cómo plantar una huerta o cualquiera de otros mil emprendimientos y decimos: «Mis mejores días ya pasaron. ¿Para qué comenzar algo nuevo ahora?»

Vemos que hay muchas maneras de ser vencedores, formas de superar los obstáculos que pavimentan nuestros caminos pero, en vez de levantarnos, fijar nuestra mirada y saltar sobre ellos con la gracia de una gacela, volvemos a caer en el sofá de la sala y nos murmuramos a nosotros mismos: «No puedo».

Y mientras tanto, Dios despliega a sus seres celestiales con una misión concreta: «Ve a decirles que sí pueden».

Si Él nos llama, nos equipará. Y, si nos equipa, venceremos.

Vestido con el Espíritu de Dios

Lo que el ángel del Señor sabía el día que se le apareció a Gedeón, y que este mismo ignoraba, es que la razón por la cual Gedeón podía liberar a Israel de la opresión madianita era que el Espíritu del Señor estaba a punto de vestirlo. El granjero desamparado iba a usar a Dios como un traje. Jueces 6:33-34 (NTV), dice:

> Poco tiempo después, los ejércitos de Madián, de Amalec y del pueblo del oriente formaron una alianza en contra de Israel; cruzaron el Jordán y acamparon en el valle de Jezreel. Entonces el Espíritu del Señor vistió a Gedeón de poder. Gedeón tocó el cuerno de carnero como un llamado a tomar las armas, y los hombres del clan de Abiezer se le unieron.

Justo cuando las cosas habían tomado un giro a lo peor, Dios se envolvió alrededor de su hombre elegido. El resultado de la historia de Gedeón es hoy una evidencia milagrosa de la influencia de Dios. Después que Gedeón redujera su fuerza de batalla a una mera fracción de lo que una vez fuera, después que depusiera miedo sobre miedo, después que Gedeón siguió creyendo que, aunque *él* no podía, *Dios* podría; después que Gedeón hubo demostrado sobrenaturalmente ser el poderoso hombre de valor que Dios sabía que era, el impedimento que lo desalentaba y que lo había dejado desanimado fue al fin derrotado. Gedeón hizo sonar la trompeta y su ejército diezmado se levantó con confianza para conquistar a los madianitas. Pero antes que comenzara la batalla, el ejército contrario se volvió y corrió. ¿Lo ves? Dios peleó la batalla de Gedeón por él. Y también peleará nuestras batallas. «Vísteme con una chaqueta», dice Dios, «e impediré que mueras congelado». O, con palabras más elocuentes: «Contamos con el Señor nuestro Dios, quien nos brinda su ayuda y pelea nuestras batallas» (2 Crónicas 32:8).

Tengo que creer que esta es una de las misiones más preciadas en el cielo, subir a los cuatro rincones de la tierra y recordarles a los que aman a Dios que, en la fuerza de este, siempre pueden hacerlo. Pueden superar la tentación. Pueden elegir el camino de la rectitud. Pueden pelear y ganar cada buena batalla. Pueden tratar la fe no como un sustantivo, sino como un verbo, a medida que se elevan, se reúnen, deciden, declaran, planifican estrategias, asaltan y triunfalmente superan al infierno en el nombre victorioso de Jesucristo.

Me pregunto qué obstáculo enfrentas hoy, qué te impide dar un paso de avance que de otro modo darías. Puedes pedirle a Dios un recordatorio inconfundible —enviado a través de un ángel o de cualquier otra manera—, ya que ser llamado por Él es ser equipado por Él, y que debido a su poder no tienes que renunciar. En su libro para niños, profundo pero simple, *Somewhere Angels*, el autor Larry Libby escribió: «Si pudiéramos ver a los ángeles, veríamos cosas que nos llenarían de valor». Dios te equipará para hacer su buena obra.

Ahora, por dónde empezar.

Nuestros gritos de ayuda cuentan

El libro de los Salmos es en esencia un cancionero muy estimado y la gran mayoría de sus canciones tratan de cómo persistir cuando las cosas se ponen difíciles. Los salmistas claman a Dios por rescate e insisten y gimen hasta que llega el rescate. (Lo cual no es muy distinto a lo que hacemos en la actualidad.)

Recordarás que lo mismo que los israelitas hicieron antes de ser rescatados de la esclavitud y del sufrimiento fue clamar al Señor, y la manera en la que Dios respondió debe darnos consuelo a ti y a mí: los *escuchó*, *sintió compasión* por ellos y los *rescató* del pozo de su desesperación. No puedo decirlo mejor que la Palabra escrita de Dios, así que permíteme resaltar algunas verdades que yacen allí, primero con respecto a que Dios escucha.

Muchas veces, tú y yo, nos hemos dado cuenta de que cuando hablamos con alguien, nuestro interlocutor no escucha lo que estamos diciéndole; por lo que tendemos a suponer que lo mismo ocurre en nuestro trato con Dios, a saber, que su oído se inclina hacia nosotros solamente cuando está en un estado de ánimo particularmente bueno o si las estrellas están alineadas. Esto no podría estar más lejos de la verdad. Él nos responde desde su santo monte cada vez que clamamos en voz alta (Salmos 3:4). Nos salva de nuestros enemigos cuando invocamos su nombre (Salmos 18:3). Nos oye, nos contesta, nos salva y nos libra cuando clamamos, le tememos y lo buscamos (Salmos 34:4, 6-7). Él vuelve sus ojos hacia los justos y su oído hacia aquellos que necesitan ayuda (Salmos 34:15).

Él redime nuestras almas en paz de las batallas que libramos (Salmos 55:18). Él está por nosotros, cuando clamamos a él; hasta especialmente en ese momento (Salmos 56:9). Él cumplirá sus propósitos en nosotros y mandará ayuda del cielo; enviará su amor inagotable cuando invoquemos su nombre (Salmos 57:2-3, NTV). No echará de sí nuestras oraciones, sino que ciertamente nos escuchará (Salmos 66:19-20). Nos librará y nos glorificará, cuando conozcamos a Dios e invoquemos su nombre (Salmos 91:14-15). Nos libra de nuestras aflicciones y nos dirige por camino recto, cuando en nuestra angustia clamamos a Dios (Salmos 107:6-7). Y podría continuar con esta lista indefinidamente. Hay un tema que nuestro Padre nos comunica aquí, ¿no crees? *Él nos escucha cuando le pedimos ayuda.*

Por dicha, no se detiene allí, porque no solo inclina su oído hacia nosotros, Dios también siente compasión por la situación en que nos hallamos: «Jehová está en medio de ti», asegura Sofonías 3:17 (RVR60), «poderoso, él salvará; se gozará sobre ti con alegría, callará de amor, se regocijará sobre ti con cánticos». La Primera Carta de Pedro 5:7 (RVR60) nos dice que echemos «toda vuestra ansiedad sobre él, porque él tiene cuidado de vosotros». Y entonces agrega esto en Salmos 86:15-17 (RVR60): «Mas tú, Señor, Dios misericordioso y clemente, lento para la ira, y grande en misericordia y verdad, mírame, y ten misericordia de mí; da tu poder a tu siervo... porque tú, Jehová, *me ayudaste y me consolaste*» (énfasis mío). Lamentaciones 3:22-23 (NVI) hace eco de este mismo sentimiento de Dios que siente compasión por las cosas dolorosas que enfrentamos: «El gran amor del Señor nunca se acaba, y su compasión jamás se agota. Cada mañana se renuevan sus bondades; ¡muy grande es su fidelidad!»

Sin embargo, el cuidado de Dios no se detiene ni siquiera allí. Sí, Él nos escucha. Sí, siente compasión por nosotros. Pero también nos brinda una manera de escapar, que es lo que los israelitas necesitaban miles de años atrás; y es lo que tú y yo necesitamos todavía hoy. Necesitamos liberación. Necesitamos rescate. Necesitamos ser liberados. Necesitamos ser apoyados, levantados y que se nos recuerde que podemos mantener el buen rumbo. De modo que, cuando no podamos dar otro paso adelante, debemos clamar al Señor.

El rescate viene para los que aman a Dios

El profeta Ezequiel nos recuerda: «Como un pastor que cuida de sus ovejas cuando están dispersas, así me ocuparé de mis ovejas y las rescataré de todos los lugares donde, en un día oscuro y de nubarrones, se hayan dispersado» (Ezequiel 34:12). No sé qué ha catalizado tus días nublados y oscuros a lo largo del camino, pero yo sé lo que catalizó el mío más recientemente. Y «disperso» sería, de hecho, la mejor manera de describir mi estado emocional, espiritual y físico en esos meses.

Acababa de salir de una batalla con el cáncer de próstata cuando recibí la noticia de que mi hermano mayor murió. Bob era mi personaje favorito, así que aun cuando yo hubiera estado volando en el mejor de mis momentos, habría sido estremecido hasta lo más profundo. Pero todavía estaba débil y tropezando mientras salía de la época más oscura de mi vida. No tenía las reservas emocionales para hacer frente a esa pérdida, simplemente.

Tuve la firme convicción, por décadas, de que tenía un don único para el púlpito. En otras palabras, aunque hay muchas, muchas cosas en las que soy lamentablemente fallo, hablar ante un grupo nunca ha sido una de ellas. Y, sin embargo, cuando me di cuenta de que aun con mi corazón acongojado —a pesar de mi cuerpo enfermo, a pesar de que mi monólogo interior se había vuelto negativo y hasta oscuro—, tendría que ir a la ciudad donde vivió mi hermano para elogiar a aquel hombre ejemplar, casi me deshice. Había sido un año difícil en ese frente:

mi confianza y mi energía típicas en la plataforma disminuyeron, al parecer, en proporción directa a mi fuerza física; por lo que muchas mañanas dominicales me sentí como si tuviera que gatear hasta la plataforma para predicar. A cierto nivel microscópico, estaba empezando a ponerme de pie cuando —*bam*— muere mi hermano. Me habían dado algunas oportunidades increíbles de hablar a lo largo del camino que provocaron nerviosismo y algo parecido al miedo, pero esto ganó en cuanto a humillarme, hasta el punto que dije: «Señor, no puedo hacerlo».

Me imagino que así exactamente es como se sentían los israelitas después de haber sido esclavizados durante muchos años. Fueron liberados de su esclavitud, pero ahora se sentían incómodos y débiles, como si no pudieran dar un solo paso más. «¡Dios, esto es demasiado para nosotros!», dijeron en esencia mientras se topaban con la arena seca y ardiente del desierto bajo sus pies. «¿Por qué nos sacaste de Egipto, si íbamos a sufrir así? ¿Por qué no nos matas a todos ahora?» (Éxodo 17:3).

Estas son, en verdad, palabras duras y, sin embargo, resuenan en mí con frecuencia. Quizás todos nosotros finalmente nos encontremos con un conjunto de circunstancias que parecen estar dispuestas a derribarnos. Para el pueblo hebreo, fueron sus andanzas por el desierto; para mí, era pérdida tras pérdida. Porque mi padre murió cuando yo estaba apenas entrando en la edad adulta, mi hermano Bob había sido la presencia paternal que yo necesitaba tan desesperadamente. Fue Bob quien siempre me animó. Fue Bob quien siempre me inspiró. Fue Bob quien siempre me enseñó más lo que significa seguir a Cristo. Él mismo fue ministro —allí en Cleburne, Texas, durante más de treinta años— y, en términos del lado humano de mi vocación, la decisión de Bob de seguir predicando y pastoreando me obligó a seguir su ejemplo. Le dije muchas veces y por muchos años que su ejemplo me había hecho mucho más fácil escuchar el llamado de Dios a mi vida. Yo quería ser como Bob, y cuando comencé a plantar mis pies en el camino de justicia, mis pasos me dirigieron naturalmente hacia el seminario y al liderazgo en la iglesia. Él me conocía, me vio, me valoró y me amó; luego, a principios del 2010, se fue. En el escaso momento que tarda un corazón en dejar de latir, mi hermano, mi héroe, había muerto.

¿A dónde vamos cuando estamos destrozados? ¿En quién confiamos cuando la ansiedad nos ataca?

Aquí es donde descubrimos el ministerio de los ángeles, que son la extensión del amor de Dios y su gracia. Sé que para mí, tras perder a Bob en su ida al cielo, necesitaba saber que Dios estaba guiando mis pasos.

En la congregación Field Street Baptist Church, me encontré levantado, al parecer, por las alas de los ángeles, mensajeros divinos que me aseguraron que mi Padre celestial se interesa en mí. Elogié a mi hermano con el sermón aun en mi triste condición y vi, con una visión corregida divinamente, que el rescate *siempre* llega para los que aman a Dios.

Dada esta realidad, tengo que creer que los ángeles que fueron enviados para alentar a Gedeón, Elías, Cornelio y a la nación de Israel —y hasta a mí mismo— en los periodos más oscuros y peligrosos, quisieron declarar con una voz poderosa: «¡Si simplemente dejaras tus preocupaciones, torpezas y refunfuños por un momento, oirías el tierno sonido de las alas de los ángeles al silbar! Estamos aquí porque Dios nos envió y porque quiere que cobres ánimo».

Sí, ante nuestra fe se amontonan desafíos y decepciones. Pero todas las cosas ayudarán para nuestro bien, ¿recuerdas? (Romanos 8:28). El rescate viene para los que aman a Dios. En su fortaleza somos milagrosamente fortalecidos.

14

Seguridad

Cuando estás muriendo

Una de las cosas que olvidan decirte en las sesiones de asesoramiento premarital es que si terminas siendo parte del cincuenta por ciento de las parejas que permanecen juntas hasta que la muerte los separe, en realidad empezarás a parecerte a la persona con quien te casaste. Sería bueno tener esta información antes de cerrar el trato, ¿no te parece? Ese par asimétrico de cejas, esa nariz torcida, ese labio superior delgado, las cosas que has aceptado como meros caprichos estéticos quizás podrían ser un factor más en tu decisión.

A fines de la década de 1980, un psicólogo de la Universidad de Michigan investigó este fenómeno y demostró científicamente que las parejas que permanecieron juntas durante veinticinco años o más (y que no se parecían cuando intercambiaban sus «acepto», en la ceremonia de matrimonio) habían comenzado a parecerse tan notablemente que un panel de jueces distintos —que no estaban familiarizados en absoluto con las parejas en cuestión— podían identificar con impresionante precisión las fotografías de las personas con sus respectivos compañeros. El trabajo del psicólogo corroboraba la idea de que la razón de la creciente similitud en sus rasgos faciales a lo largo del tiempo se debe a las «décadas de emociones compartidas»,[1] es decir, todo eso de «reír cuando un ser querido ríe y llorar cuando el otro llora».

Deb y yo tenemos más de cuatro décadas casados y, aunque nunca me han confundido con ella, en realidad nada me gustaría más que reflejar su intenso resplandor; esa cualidad magnética que ha atraído a la gente durante tanto tiempo. Entraba en la cafetería de nuestro recinto universitario y los estudiantes le zumbaban como abejas a una flor rebosante. Yo ansiaba ese tipo de brillo y lo anhelé por largo tiempo.

Todos estos años siguientes, puedo atestiguar que soy más ligero, más resplandeciente, más optimista, *ciertamente* tengo más seguridad, debido a la presencia de Deb en mi vida. Tendemos a parecernos a aquello con lo que —o aquellos con quienes— pasamos más tiempo, ¿no es así? Lo que me lleva a reflexionar en por qué brillan los ángeles.

La naturaleza de la luz normal

Al mirar más de cerca todos los encuentros bíblicos que tienen que ver con los ángeles para los propósitos de este libro, no pude dejar de notar que a menos que intencionalmente ocultaran su identidad, los ángeles aparecían vestidos de luz y resplandor. Un poeta dijo cierta vez que al encontrarse con un ángel cara a cara, la brillante incandescencia sería, en efecto, tan brillante que nuestros ojos no podrían soportarla. Durante las visitas angelicales que se relatan en la Escritura, lo primero que el ángel suele decir es: «¡No temas!» ¿Por qué dirían eso, a menos que haya algo que temer? Es decir, ese tipo de brillante luminosidad y poder tumultuoso para lo que nosotros, simples mortales, no tenemos categoría. En Apocalipsis 22:8-9, versículos que ya analizamos, el apóstol Juan reconoce que incluso él estaba tan dominado por la presencia del ángel —¿eran las palabras del ser celestial?, ¿su apariencia? o ¿ambas cosas?— que cayó postrado «para adorar a los pies del ángel». Creo que tú y yo haríamos lo mismo. Pero entonces, al igual que Juan, también seríamos reprendidos por el ángel: «¡No debes hacer eso!», que nos señalaría a Jesús y diría: «El que estás buscando es *Él*, no yo».

Tomás de Aquino, apodado por sus contemporáneos «el doctor angelical» por su prolífica escritura sobre el tema, escribió que «la luz natural de un ángel es por naturaleza de una excelencia superior a la luz natural del hombre». Ciertamente este debe ser el caso, o si no la miríada de personajes en tiempos bíblicos simplemente se habría encogido de hombros ante la apariencia de los ángeles, como si vieran pasear a un amigo o un conocido. Pero no, no es así; vemos en estos encuentros —cuando un ángel se apareció ante José y le dijo que María daría a luz al niño Cristo; cuando otro se le apareció a un grupo de pastores y dijo que el niño Cristo había nacido; cuando otro ángel encontró a las mujeres que acudieron a buscar a Jesús después de su crucifixión y les dijo que el que buscaban había sido resucitado de entre los muertos; y muchos más— que esos seres eran realmente *otros*. Y la razón por la que fueron y siguen siendo «otros» es que residen en la presencia de Dios.

Cómo ser más brillantes

Hay un viejo refrán que dice así: «Muéstrame tus amigos y te mostraré tu futuro». En términos prácticos, significa que si te relacionas con gente fuerte, probablemente te hagas más fuerte. Si andas con gente débil, te harás probablemente más débil. «Camina con sabios y te harás sabio», asegura Proverbios 13:20 (NTV); «júntate con necios y te meterás en dificultades».

ANGELES

En lo relativo a los ángeles, la máxima podría ser: «Si andas con los que brillan, brillarás más». ¿Recuerdas lo que dice el libro de Éxodo respecto de cuando Moisés descendió de la montaña tras haber estado en presencia de Dios, que su rostro resplandecía con un fulgor de otro mundo? Éxodo 34:30 dice que todo el pueblo de Israel estaba realmente temeroso de acercarse a Moisés porque «la piel de su rostro era resplandeciente» de una manera que nunca habían visto antes. Es útil notar que Moisés había estado en la presencia de Dios por cuestión de días —cuarenta días y cuarenta noches, nos dice la Escritura—, no por un periodo casi permanente. Y aun así su rostro brillaba. *Pasa tiempo con alguien que brille y te irás haciendo más brillante. Es lo que siempre pasa.*

Los ángeles, por otra parte, han pasado la totalidad de su existencia en una forma más cerca y privada con su Dios creador. ¡Imagínense el intenso brillo que deben poseer! En la revelación de Juan (19:17), el apóstol dijo que realmente podía ver a un ángel «que estaba en pie en el sol». Esa es la clase de brillo que nos haría voltear. Pero, ¿qué tiene que ver todo este brillo contigo y conmigo? Veamos si podemos descubrirlo.

El rostro de un ángel

El capítulo 6 del libro de Hechos relata la historia de un hombre llamado Esteban, un consagrado seguidor de Jesús. Esteban entró en escena en pleno auge del crecimiento de la iglesia en Jerusalén. Los llamados no eran espectadores; eran *participantes*. Estaban apasionados por Dios, ansiosos de compartir sus buenas nuevas con cada persona que conocían. Esa no era una audiencia; era un ejército. Y esos soldados estaban comprometidos a hacer la obra de su Señor.

Esa iglesia, aunque apasionada, estaba lejos de ser perfecta, un punto importante a destacar. A medida que su hermandad se expandía, los problemas comenzaron a surgir. Cuatro capítulos antes —en Hechos 2— vemos que la iglesia primitiva era realmente buena en cuanto a asegurarse de que nadie quedara con necesidades que suplir. Los versículos 45-47 leen:

Vendían sus propiedades y posesiones, y compartían sus bienes entre sí según la necesidad de cada uno. No dejaban de reunirse en el templo ni un solo día. De casa en casa partían el pan y compartían la comida con alegría y generosidad, alabando a Dios y disfrutando de la estimación general del pueblo. Y cada día el Señor añadía al grupo los que iban siendo salvos.

Aquí, en Hechos 6, aprendemos que a medida que la iglesia crecía, su ministerio necesitaba expandirse también. Evidentemente, un grupo de viudas estaba siendo descuidado en la distribución diaria de alimentos y suministros. Nadie intentaba descuidar a esas viudas; solo que a medida que el grupo crecía —y con tanta rapidez— algunas cosas se pasaban por alto inadvertidamente.

Así que los doce discípulos los reunieron a todos y les dijeron:

No está bien que nosotros los apóstoles descuidemos el ministerio de la palabra de Dios para servir las mesas. Hermanos, escojan de entre ustedes a siete hombres de buena reputación, llenos del Espíritu y de sabiduría, para encargarles esta responsabilidad. Así nosotros nos dedicaremos de lleno a la oración y al ministerio de la palabra (vv.2-4).

Los que escucharon aquello estuvieron satisfechos, por lo que entre los siete hombres seleccionados estaba Esteban, a quien el versículo 5 continúa describiendo como un «hombre lleno de fe y del Espíritu Santo». Estos fueron los primeros diáconos que sirvieron a la iglesia.

Al continuar con el libro de los Hechos aprendemos que Esteban solo aumentó en influencia, ganando una voz como alguien que proclamaba audazmente el evangelio de Jesucristo. Aunque muchas personas se sintieron atraídas a la iglesia —a la causa de Cristo— debido al ministerio de Esteban, a muchos otros les horrorizaba que ese hombre predicara lo que a su juicio equivalía a blasfemia. Esos disidentes «se levantaron unos... disputando con Esteban» (Hechos 6:9-10, RVR60), «Pero no podían resistir a la sabiduría y al Espíritu con que hablaba». De modo que, como no podían contender con él, conspiraron allí mismo para matarlo.

Una gran cantidad de testigos falsos fue instigada y colocada en cierta posición de poder, por lo que los líderes religiosos les solicitaron que hablaran en contra de Esteban. La Escritura dice que el concilio encargado de dictaminar el destino de Esteban no vio a un hombre malo ante ellos, sino más bien una cara «como el rostro de un ángel» (Hechos 6:15, RVR60). La oscuridad no podía tocar ni una pisca de su grado de luz.

En el mensaje más extenso registrado en el libro de los Hechos, el capítulo siete relata la calmada refutación de Esteban a las falsas afirmaciones que se habían presentado contra él. Se lee menos como una defensa y más como una lección de historia sobre Israel y los inicios de la fe cristiana; pero aun así, los que escuchaban se enfurecieron. E inmediatamente apedrearon a Esteban.

Lo opuesto de la luz divina

Hace unas semanas estaba conduciendo a través de la ciudad cuando vi al chofer de un camioncito y al de una furgoneta furiosos y discutiendo. El camioncito quería pasar, pero la furgoneta no quería reducir la velocidad. El camioncito, de todos modos, se metió con dificultad haciendo que la furgoneta girara bruscamente y se coleara. Hubo una gran cantidad de bocinas sonando y señales de mano agitándose, mientras se desplazaban por la carretera a ciento treinta kilómetros por hora.

El episodio completo duró, quizás, seis segundos; pero el recuerdo de él estuvo conmigo todo el día. Así es como tantas personas deciden vivir, incluso los seguidores de Cristo caen presa de esa tendencia: *Si me haces daño, te lastimaré. O, por lo menos, tendré ira en mi corazón contra ti.* Determinamos herir a los que nos hirieron; luchamos por posiciones y demandamos que nos escuchen. Mientras tanto, el legado de templanza y perdón de Esteban se sienta allí, a esperar que volvamos a recobrar nuestros sentidos y sigamos su ejemplo. «¡Señor, no les tomes en cuenta este pecado!», clamó, incluso cuando las piedras golpeaban su carne (Hechos 7:60). Oh, que todos viviéramos así.

De gloria en gloria

Por dicha, hay un montón de seguidores de Cristo que han decidido que si es verdad que nos parecemos y actuamos como la gente con la que pasamos el tiempo, a ellos les encantaría lucir y actuar como Dios. Así que pasan tiempo con Cristo. Se despiertan por la mañana con gratitud a Dios en sus labios. Hacen un hábito la lectura de la Biblia, la Palabra de Dios para vivir. Reducen, por lo general, el ritmo de sus actividades durante el día y susurran oraciones de corazón a Dios. Y piden su aporte, su sabiduría, su paz, conscientes de que no pueden enfrentar los retos de este mundo por sí solos.

Observan las necesidades a su alrededor y suplen con alegría las que pueden suplir. A menudo hablan del amor de Dios con los que viven lejos de Él. Aclaran las cosas cuando ocurren malentendidos y piden perdón cuando tienen la culpa. Aman bien. Sirven bien. Hablan bien. Viven bien. Son luz en un mundo muy oscuro.

ANGELES

Podrías decir que tienen rostros como los de los ángeles: santos, justos y resplandecientes.

Tú y yo también podemos tener rostros angelicales, no se requieren cremas faciales costosas. Podemos palpitar con la luz de nuestro Señor y Salvador simplemente residiendo en su presencia día a día. Podemos elegir la victoria sobre la derrota. Podemos optar por la compasión antes que por el juicio. Podemos escoger la bondad por encima de la venganza. Podemos elegir la comprensión antes que los ataques de ira. Podemos reflejar la paz y la alegría de los ángeles, seres esplendorosos que reflejan la gloria de Dios. ¡Y el mundo se dará cuenta! No puedes ocultar a los que brillan.

—¿Qué es esto? ¿De verdad me estás invitando a que pase delante de ti en la fila?

—¿Qué es esto? ¿Trajiste cena otra vez para mi familia?

—¿Qué es esto? ¿Te detienes a orar por mí, a pesar de tu día tan ajetreado?

—¿Qué es esto? ¿Me estás recibiendo con amorosa compasión, aunque mi vida sea una ruina total?

—¿Qué es esto? ¿Me estás ofreciendo perdón, pese a que estoy claramente equivocado?

La gente no sabe qué hacer con nosotros cuando llevamos el resplandor de Dios. Se quedan rascándose la cabeza con asombro, pensando: *Bueno*, este *es un refrescante giro de los acontecimientos.*

Volvamos a nuestro texto en Hechos para ver el legado de uno que resplandeció para Dios. Después que Esteban concluyera sus comentarios ante el concilio reunido para su juicio, encontramos a los hombres del concilio enfurecidos. Hechos 7:54 dice que «crujían los dientes contra él». Pero Esteban no hizo lo mismo. En vez de eso, «lleno del Espíritu Santo, puestos los ojos en el cielo, vio la gloria de Dios, y a Jesús que estaba a la diestra de Dios» (v. 55, RVR60). El concilio se apoderó de

Esteban, lo arrastró fuera de las murallas de la ciudad y lo ape-dreó. Más aun, mientras le lanzaban piedras, según los versículos 59-60, Esteban llamó a Aquel que se levantó por él cuando nadie más lo hizo y dijo: «Señor Jesús, recibe mi espíritu... No les tomes en cuenta este pecado».

Resplandeció hasta su amargo final. Es una meta que vale la pena para nosotros hoy en el siglo veintiuno. Si vivimos para el diablo, nos veremos como él. Pero ¿si vivimos para Cristo? Ah, cómo resplandeceremos por Dios, no solo a lo largo de nuestras vidas, sino también cuando nos enfrentemos a la muerte inminente. La Escritura nos asegura eso mismo. 2 Corintios 3:18 (RVR60) dice: «Por tanto, nosotros todos, mirando a cara descubierta como en un espejo la gloria del Señor, somos transformados de gloria en gloria en la misma imagen, como por el Espíritu del Señor».

Si nos enfocamos en reflejar el resplandor de Dios, iremos de un grado de gloria a otro después de nuestra muerte. ¿Ves por qué la perspectiva de la muerte puede resbalar sobre el creyente en lugar de derribarlo trágicamente? Me he sentado al lado de innumerables camas, en los hospitales, a lo largo de los años, y te aseguro que enfrentar el último aliento de un seguidor de Cristo se distingue claramente de la forma en que mueren los demás. El apóstol Pablo escribió una vez sobre la incapacidad de la muerte para apoderarse de los creyentes: «¿Dónde está, oh muerte, tu victoria? ¿Dónde está, oh muerte, tu aguijón?» (1 Corintios 15:55).

Él se refería a una realidad futura, cuando los muertos en Cristo se levantarán, cuando lo mortal se vista de inmortalidad (v. 54), cuando la eternidad con Dios finalmente se desarrolle. Pero ahora podemos vivir esa realidad. Incluso hoy, aun mientras permanecemos atados a este mundo manchado de pecado, la muerte no es el fin para aquellos que viven rendidos a Jesús; más bien, la muerte es la que fue derribada el día en que nuestro Señor y Salvador se levantó de la tumba. Por supuesto que lamentamos la pérdida de seres queridos y meneamos la cabeza por las muertes sin sentido. Pero lo hacemos como aquellos que tienen esperanza, entendiendo que este mundo no es todo lo que existe.

Me encontré con un hecho interesante que decía que si toda la electricidad en tu cuerpo o en el mío pudiera ser aprovechada y convertida en luz, cada uno de nosotros sería sesenta mil veces más brillante que una masa comparable del sol. ¿No es eso extraordinario? Kilo por kilo, tenemos potencial para brillar más que la estrella más brillante de la galaxia.[3] ¿Y adivina cuándo se alcanzará todo ese potencial? Cuando estemos en la santa presencia de Dios. La vida esplendorosa que llevamos aquí y ahora es poco más que un calentamiento para lo que está por venir. Cuando recibamos nuestros cuerpos glorificados y tomemos nuestras posiciones en la presencia permanente de Dios, *es* que brillaremos como los ángeles. Es por esa razón que realmente *anhelamos el cielo*. Es probable que un titular reciente de la prensa deportiva pueda ayudar a aclarar mi punto.

Lo que todos queremos es ir a casa

En el verano de 2014, LeBron James sorprendió al mundo del deporte al anunciar que dejaba el equipo de los Miami Heat —al que había llevado a dos títulos de campeón de la NBA— y regresaba a su ciudad natal de Cleveland, donde había pasado siete temporadas antes de dirigirse a South Beach. En la conferencia de prensa que celebró en la víspera de su primera temporada allí, había indicado que iba a pasar un tiempo muy largo en la Florida, que él y sus compañeros de equipo —Dwyane Wade y Chris Bosh— iban a ganar no tres, cuatro ni incluso cinco campeonatos, sino muchos, muchos más. Los analistas creían que los «tres grandes», como se les llamaba, todavía estaban listos para hacer eso, aun mientras LeBron empezaba a hacer las maletas.

En una carta abierta que publicó para anunciar la razón de su regreso a Cleveland, James escribió: «Tengo dos hijos y mi esposa, Savannah, está embarazada de una niña. Empecé a pensar en cómo sería criar a mi familia en mi ciudad natal. Miré otros equipos, pero no iba a dejar Miami por ningún otro excepto por Cleveland. Cuanto más tiempo pasaba, más cómodo me sentía con la idea. Eso es lo que me hace feliz».[4]

La respuesta breve a la pregunta de por qué una superestrella dejaría al equipo que le daría más victorias en el futuro, y en el menor tiempo posible, es la siguiente: esa superestrella quería volver a casa.

Es seguro que en cierto nivel, podemos relacionarnos con eso. Sabemos lo que es conducir por las calles de la ciudad que una vez recorrimos durante las estaciones más dulces de nuestras vidas: *Se siente tan bien estar en casa.* Sabemos lo que es estar en un viaje prolongado para luego reunirnos con nuestra almohada, nuestra cama: *Se siente tan bien estar en casa.* Sabemos lo que es caer en el abrazo de los seres queridos que no hemos visto desde hace bastante tiempo: *Se siente tan bien estar en casa.*

Cada vez que viajo a ciertas partes de Dallas, me encuentro con personas que deambulan en las calles; hombres, mujeres y a veces hasta niños que no tienen lugar al cual llamar hogar. De vez en cuando, siento el impulso de detenerme y hablar con ellos, escuchar sus historias, ofrecerles algo de comer. Las personas que he encontrado son de todos los ámbitos de la vida; han experimentado un conjunto de circunstancias tremendamente diferentes, y tienen diversas perspectivas en cuanto a la lucha de navegar la vida. Pero una cosa que todos tienen en común es su mirada: Sus ojos anhelan el brillo; sus ojos buscan desesperadamente el *hogar*.

Todos estamos tratando de encontrar nuestro camino a casa, ¿cierto? Todos somos peregrinos haciendo nuestro camino a casa.

Todos deseamos que el sol se ponga, como dice el viejo himno, y que la carrera se declare corrida, que las pruebas más fuertes hayan pasado y que nuestro triunfo haya comenzado. «¡Oh, ven, banda de ángeles!», gritan nuestros corazones, «vengan y rodéenme. Oh, llévenme en sus alas nevadas a mi morada eterna»,[5] que es exactamente lo que hará el ejército celestial, si creemos en Lucas 16. Allí encontramos a un mendigo llamado Lázaro que vivió cubierto de llagas y, sin embargo, tras su muerte, fue escoltado al cielo por un acompañamiento angélico provisto por Dios (v. 22).

Cuando respiremos nuestro último aliento —cosa que haremos—, pronunciemos nuestras últimas palabras —cosa que también haremos— y digamos adiós a este mundo, podemos estar seguros de que los gloriosos ángeles de Dios nos llevarán a su lado. ¡La muerte no tiene poder sobre el creyente! Viviremos en su presencia, acompañados por los santos y los ángeles por toda la eternidad.

15

Inspiración

Cuando tienes poca esperanza

En un día primaveral de 2013, en lo que iba a ser un momento festivo mientras los corredores cruzaban la meta del famoso Maratón de Boston, dos bombas de fabricación artesanal (ollas a presión, rellenas de metralla) explotaron en ese preciso lugar, matando a tres espectadores e hiriendo a otros 264. El triunfo se convirtió en tragedia en un abrir y cerrar de ojos, dejando no solo una ciudad sino una nación entera sorprendida y consternada.

Uno de los espectadores que sufrió horribles lesiones esa tarde fue James Costello, un hombre de treinta años que estaba esperando en la meta a que un compañero finalizara la carrera. Estaba demasiado cerca de la primera de las dos bombas que detonaron, por lo que sufrió graves quemaduras en su brazo y su pierna derechos. Como resultado de aquello se sometería a varios injertos de piel y luego requeriría fisioterapia antes que lo consideraran restaurado con éxito. Ahora, aquí es donde las cosas se pusieron interesantes para el señor Costello, pues fue en el hospital de rehabilitación donde conoció a la enfermera Krista D'Agostino, que hoy es su esposa.

Antes de la Navidad de ese año, y después de haberle propuesto matrimonio a Krista, James Costello posteó en Facebook un mensaje que decía: «El 15 de abril fue uno de los peores días de mi vida. Pronto me pregunté por qué y por cuál razón había sucedido eso... Ahora sé la razón por la que estuve involucrado en esa tragedia. Fue para conocer a mi mejor amiga y el amor de mi vida».[1]

El triunfo se convirtió en tragedia, pero esta no tenía la última palabra. Ah, cómo nos gustan las historias como esta, en las que aquellos que han perdido mucho son milagrosamente hechos completos una vez más.

Donde la tragedia nunca más reinará

La más poderosa historia de triunfo a tragedia (y, por dicha, de regreso al triunfo) que se ha contado aparece en las páginas de la Escritura y se centra en la restauración de las cosas creadas por Dios. Triunfo en el jardín del Edén, tragedia en el pecado original y sus efectos por generaciones, triunfo en la visión restauradora de Dios; nunca se ha contado una historia más grande que esa. Más que ningún otro libro de la Biblia, el de Apocalipsis detalla de manera vívida los acontecimientos que tendrán lugar antes, durante y después de la segunda venida de Cristo. De acuerdo a la mayoría de todos los eruditos religiosos, el libro fue escrito por el apóstol Juan, que fuera exiliado a la isla de Patmos por su fe en Cristo. Allí un ángel le entregó al paria una visión de Dios sobre las cosas que habrían de venir, lo que constituye el libro de Apocalipsis.

Lo que encontramos aquí, en el último de los sesenta y seis libros de la Biblia, es la culminación de toda la historia humana: Lo que comenzó en el Paraíso —en el libro de Génesis—, pero que rápidamente llevó a «la caída» —el ciclo subsiguiente de justicia, rebelión y arrepentimiento, seguido por los repetidos esfuerzos de la humanidad—, concluye ahora con un Dios que restaura todas las cosas a su hermosa y original intención. Él está haciendo todas las cosas nuevas.

En Apocalipsis 21 (RVR60), el ángel invita a Juan a ver un aspecto específico del cielo nuevo y la tierra nueva que caracterizará a nuestra realidad, no en el tiempo sino en la eternidad. «Ven acá», dijo el ángel, «yo te mostraré la desposada, la esposa del Cordero.» (v. 9). Juan continúa:

> Y me llevó en el Espíritu a un monte grande y alto, y me mostró la gran ciudad santa de Jerusalén, que descendía del cielo, de Dios, teniendo la gloria de Dios. Y su fulgor era semejante al de una piedra preciosísima, como piedra de jaspe, diáfana como el cristal. Tenía un muro grande y alto con doce puertas; y en las puertas, doce ángeles, y nombres inscritos, que son los de las doce tribus de los hijos de Israel; al oriente tres puertas; al norte tres puertas; al sur tres puertas; al occidente tres puertas. Y el muro de la ciudad tenía doce cimientos, y sobre ellos los doce nombres de los doce apóstoles del Cordero (vv. 10-14).

Refiriéndose a esa magnífica ciudad, Juan agrega:

> Y no vi en ella templo; porque el Señor Dios Todopoderoso es el templo de ella, y el Cordero. La ciudad no tiene necesidad de sol ni de luna que brillen en ella; porque la gloria de Dios la ilumina, y el Cordero es su lumbrera. Y las naciones que hubieren sido salvas andarán a la luz de ella; y los reyes de la tierra traerán su gloria y honor a ella. Sus puertas nunca serán cerradas de día,

pues allí no habrá noche. Y llevarán la gloria y la honra de las naciones a ella. No entrará en ella ninguna cosa inmunda, o que hace abominación y mentira, sino solamente los que están inscritos en el libro de la vida del Cordero (vv. 22-27).

¿No hay noche? ¿Nada impuro? ¿No hay necesidad de sol o luna? ¿No hay malhechores, vagabundos, mentirosos, tramposos ni bombardeos en los maratones, dondequiera que sean? Esta era una noticia *excepcionalmente* buena, tan buena que —en efecto—, otro apóstol —Pablo— escribió una vez que «ningún ojo ha visto, ningún oído ha escuchado, ninguna mente humana ha concebido lo que Dios ha preparado para quienes lo aman» (1 Corintios 2:9). Dos versículos antes, él se refiere a esa realidad como parte del «misterio de la sabiduría de Dios, una sabiduría que ha estado escondida y que Dios había destinado para nuestra gloria desde la eternidad» (v. 7), y un versículo más adelante, dice que estas cosas nos son reveladas solo «por el Espíritu» de Dios (v. 10, RVR60).

Una vez más, el reino sobrenatural está más cerca de lo que pensamos. Los que albergamos al Espíritu Santo, pasamos de ser meramente mujeres y hombres naturales a ser sobrenaturales, plenamente poseídos por lo que es de Dios. «Nosotros... tenemos la mente de Cristo», concluye Pablo en 1 Corintios 2:16. Y la mente de Cristo nos prepara para nuestro hogar eterno.

Tal vez esto sea lo que el ángel estaba diciéndole a Juan cuando retiró la cortina del cielo y dejó que el apóstol echara un vistazo. «¡Es mejor de lo que te puedas imaginar!» Me imagino al ángel susurrando: «Te va a *encantar*. . . solo espera y mira».

Por supuesto, no tenemos que esperar a ver nada; tú y yo estamos tocando la eternidad ahora.

La eternidad a la mano, ¡ya!

Me convertí en pastor principal de Prestonwood en 1989 y en 1995 nuestro personal directivo se enfrentó a un dilema. Nuestras instalaciones ya no podían albergar a la congregación. Estábamos en un callejón sin salida y totalmente llenos; además, cada semana llegaban nuevas personas. ¿Debíamos celebrar más servicios en el edificio que teníamos? ¿Debíamos comprar algunos terrenos pequeños por toda la ciudad y convertirlos en «multiescenarios», aun antes de que existiera esa modalidad?

Mi familia y yo estábamos de vacaciones ese verano de 1995, cuando recibí una clara indicación del Señor. Nuestra iglesia debía trasladarse a un terreno que acomodara no solo a nuestra congregación actual sino a la que Dios nos iba a dar en los días venideros.

Terminé las vacaciones pronto, le dije a Deb que teníamos que volver a Dallas. Teníamos una reubicación masiva que iniciar.

A la familia no le emocionó abandonar las vacaciones, pero entendían mi necesidad de llegar a casa y comenzar algo que cambiaría nuestras vidas.

Un año más tarde, tras meses de oración y ayuno, nuestra iglesia aseguró 345 hectáreas de propiedad en Plano, a solo unos kilómetros de nuestro primer recinto y, a partir de ahí, las cosas se hicieron muy divertidas. Medito en las últimas dos décadas y muevo la cabeza con asombro. Desde ese recinto se han iniciado misiones por todo el mundo. Congregaciones de habla hispana se han reunido en ese lugar. Nuestro ministerio deportivo celebra todas sus actividades y prácticas allí. Los programas de radio de nuestros Ministerios de PowerPoint provienen de ese sitio. Estudiantes, solteros, viudas y personas que sufren de adicciones se han encontrado semana tras semana en esas instalaciones para reunirse, crecer y sanar. Allí seguimos celebrando reuniones de Prestonwood Network para líderes cristianos prometedores. También iniciamos la Academia Cristiana de Prestonwood, continuamos el ministerio del Centro de Embarazos de Prestonwood y seguimos con la Fundación Prestonwood, que invierte en la obra del reino de Dios. Muchos niños han pasado por esas salas cada semana, bastantes cantantes han inundado nuestro escenario con sus canciones y los empresarios han dejado de hacer sus tareas por una hora cada semana para reunirse en almuerzos de orientación espiritual.

Todos aquellos años, muchos líderes de Prestonwood y yo establecimos un nombre para terminar la compra de la tierra y construir los cimientos en nuestra nueva propiedad. Lo llamaríamos «Toquemos la eternidad». Ah, cómo oro para que eso sea lo que hemos hecho: tocar la eternidad. Espero que con cada persona que ha participado en la comunidad, que se le ha predicado la verdad del evangelio, que ha sido enriquecida por la asesoría y el discipulado, que ha sido capacitada para difundir su fe, nosotros como iglesia ya hayamos tocado la eternidad. Claro, todavía no hemos llegado al cielo, pero podemos comenzar a practicar la vida celestial aquí. «Siempre haremos las mismas ocho cosas en el cielo, sin aburrirnos», escribió el autor Peter Kreeft, «conocer y amar a Dios, a los ángeles, unos a otros y a nosotros mismos».[2] Leo una lista como esa y pienso: *Todas esas cosas las podemos hacer hoy.*

No, la paz de Dios no reina indemne en toda la tierra, pero eso no significa que no exista. ¡Todo lo contrario! Podemos conocer la paz de Dios incluso ahora, aun en nuestra aparente desesperanza, incluso en medio del dolor insoportable. Además, podemos transmitirla a otros cuyas vidas no tienen esperanzas y sufren a partes iguales, dándoles un anticipo de todo lo que está por venir. Cristiano ¡Se nos promete la esperanza! Es una promesa, es personal y puede servir como la pasión que alimenta nuestras vidas.

La esperanza prometida

Esperanza. Con esto no me refiero aquí a la ilusión, a la simple elección de una actitud positiva sobre una negativa (aunque prefiero esa elección), o a cruzar tus dedos como un medio místico para mendigar al universo que te dé buena suerte. Cuando menciono la esperanza en el sentido bíblico, estoy hablando de la *confiada expectativa de que nuestro futuro está en manos de Dios*. La esperanza dice: «A mí me guarda el poder de Dios». La esperanza dice: «Tengo algo que esperar hoy, mañana y siempre, porque estoy perpetuamente seguro en Cristo». Los que hemos creído en Cristo por nuestra salvación tenemos un futuro y una esperanza gloriosos. Y es esta la esperanza que se nos promete en la Escritura, la esperanza en la persona de Jesucristo.

Más de trescientas veces en el Nuevo Testamento solamente, la Biblia predice la segunda venida de Cristo.[3] Tan seguro como que Jesús vino a la tierra la primera vez, la Escritura nos confirma que Él vendrá otra vez. Al hacerlo, cumplirá hasta la última profecía del Antiguo Testamento; además, establecerá el nuevo y glorioso cielo así como también la tierra nueva. Dios arriesgó su carácter al prometer que su Hijo volverá de nuevo; Dios, el que no puede mentir, el que no consiente la deshonestidad.

Todos los ojos *verán* a Jesús. Y en su honor, toda rodilla *se* doblará (Romanos 14:11). Él ha prometido que su regreso está cerca (Apocalipsis 1:3; 22:10); es esta verdad la que nos da una gran esperanza. R. A. Torrey, un sabio colaborador del gran D. L. Moody, dijo respecto de la segunda venida de Cristo: «¡Esta verdad transformó todo lo que pensaba de la vida! Destrozó el poder que el mundo y sus ambiciones tenían sobre mí, y me llenó con el optimismo más radiante aun en las circunstancias más desalentadoras»,[4] lo que me lleva a la segunda verdad sobre la esperanza: su influencia muy personal en nosotros.

La esperanza es personal

Los últimos días de este mundo están descendiendo sobre nosotros y con ellos todo tipo de degradación; como la falta de humildad, de respeto, de gratitud, de santidad, de bondad, de gentileza, de trabajo en equipo y de autocontrol, que se menciona en 2 Timoteo 3. Sin embargo, vemos simultáneamente que nace el *avivamiento* absoluto. Y llega corazón a corazón. Es por esta razón que aquellos que hemos entregado nuestras vidas al señorío de Cristo debemos tener cuidado de no convertirnos en acaparadores de la esperanza. Medita conmigo en la historia de Simón Pedro, cuando Jesús le dijo que sería zarandeado por Satanás así como se tamiza el trigo para separar la paja. Se encuentra en Lucas 22 y, justo antes de que Jesús se enfrentara a la cruz, le dijo a Simón Pedro que se mantuviera alerta. Los tiempos de gran juicio claramente estaban llegando, por lo que los discípulos de Jesús necesitarían mantenerse fuertes para sobrevivir. Pero había algo más que Jesús quería que ellos hicieran: quería que soportaran los dolores de este mundo con una fe imperturbable para así mirar atrás y echar una mano. «Simón, Simón (Pedro)», dijo Jesús, «mira que Satanás los ha reclamado a ustedes para zarandearlos como a trigo; pero Yo he rogado por ti para que tu fe no falle; *y tú, una vez que hayas regresado, fortalece a tus hermanos*» (vv. 31-32 NBLH, énfasis mío).

La versión Nueva Traducción Viviente traduce el segundo versículo de esta manera: «De modo que cuando te arrepientas y vuelvas a mí fortalezcas a tus hermanos» (v. 32). De cualquier manera, captas la idea de que Jesús espera que sus discípulos —incluidos los que vivimos en el siglo veintiuno— perdamos un poco el equilibrio cuando las pruebas y las tentaciones lleguen a nuestro camino. Perdemos nuestra posición. Buscamos respuestas a tientas. Nuestra fe sufre un impacto a veces serio. Enfocamos nuestra mirada al cielo y preguntamos: «¿Dios? ¿Por qué?»

Vacilamos, nos debilitamos y nos preguntamos qué será lo próximo, a lo que Dios responde: «Vuelve a mí».

Vuelve a mí para que puedas llenar tu tanque.

Vuelve a mí para que puedas administrar un amor tierno y cuidadoso.

Vuelve a mí para que yo pueda vendar tu corazón roto.

Vuelve a mí a fin de que pueda restaurar tu esperanza para que juntos podamos cambiar al mundo.

Es la última parte la que fallamos en apreciar: Somos bendecidos para ser de bendición. Somos amados para amar a Dios y a la gente. Somos restaurados para ayudar a ofrecer restauración. Somos sanados para que podamos ir y sanar a otros.

Jesús le estaba diciendo a Pedro que el discípulo podía manifestar la misma firmeza y la misma disposición a servir que el propio Jesús modeló toda su vida. Jesús, en efecto, estaba diciendo: «Aquí. Mira mi vida. Mira cómo he sido doblado y no me he roto, cómo he sido reforzado por las promesas de Dios. Ahora tú, ve y haz lo mismo. Toma la infusión de fuerza que has recibido de mi Padre, e inyéctala en un mundo terriblemente débil».

Tú, Pedro, haz lo mismo.

Tú, Jack, haz lo mismo.

Tú, lector, haz lo mismo.

Cuando nos detenemos y escuchamos la historia de alguien; cuando ponemos nuestros brazos amorosos alrededor de alguien en medio del dolor; cuando recogemos la factura de la madre agobiada frente a nosotros en el supermercado; cuando hablamos amablemente a alguien que está enfrentando un día difícil; cuando ofrecemos una tierna sonrisa, un gesto indicando que entendemos, una mano de ayuda, una muestra de apoyo, un regalo significativo, un acto altruista; cuando les presentamos estas y otras mil manifestaciones de bondad y piedad a las personas con las que nos encontramos diariamente, permitimos que nuestras vidas digan eficazmente: «La esperanza ha venido».

Un optometrista de nuestra iglesia fundó una clínica oftalmológica y reclutó a otros oftalmólogos para que donaran su tiempo a fin de que sirvieran a personas de pocos recursos en nuestra comunidad, personas que luchan con una visión pobre y no pueden pagar para solucionar su problema. ¿Sabes que están diciendo esos optometristas cada vez que le adaptan unas gafas nuevas a alguien, cada vez que ayudan a un hombre o a una mujer para que puedan *ver* finalmente? Están diciendo: «Llegará un día en que tu visión será cristalina, incluso sin estos lentes y sus marcos. ¡La esperanza viene, y su nombre es Jesús! Y la esperanza puede ser real en tu corazón hoy».

O toma una pareja que conozco que comenzó un servicio de capacitación laboral hace años, inicialmente para los evacuados del huracán Katrina que se encontraron en el norte de Dallas con nada más que la ropa que llevaban puesta. Incluso todos estos años, durante todo el día, cinco días a la semana, ayudan a hombres y mujeres con pocas condiciones para que mejoren sus habilidades y encuentren empleo, de modo que puedan levantarse de nuevo. ¿Sabes lo que ellos están haciendo, en realidad, al reescribir los currículos y comprar ropa apropiada para las entrevistas? Están transfiriendo esperanza, a diestra y siniestra, a personas que se describían a sí mismas —unos días antes— como «sin esperanza».

Una ex estrella de la NFL es parte de nuestro cuerpo eclesial y cada verano organiza una clínica de futbol americano para los muchachos que están interesados en ese deporte. No se le paga por eso; él simplemente cree en esos jóvenes. Y así, casi todos los sábados por la tarde está en un campo de tierra, sin césped, bajo un calor de Texas que se siente como a doscientos grados, hablando con diez o doce muchachos a la vez acerca de jugar al futbol y de servir a Cristo. Él está haciendo mucho más que transferir habilidades; está dando esperanza a un grupo de individuos que tal vez no puedan chocar con la esperanza verdadera de ninguna otra manera.

Por supuesto, todavía no estamos experimentando una restauración completa, pero debido a la manera en que opera la transformación —haciendo que los que aman a Dios se parezcan y actúen cada vez más como Él— estamos más cerca que nunca. Y al vivir con una actitud que anticipa esa plenitud futura, cuando proyectamos la visión del tiempo en el que nuestras calles serán pavimentadas no con dolor ni con bombas explosivas, sino con *oro* resplandeciente y reluciente, inspiramos a las personas que nos rodean y, a menudo, hasta a nosotros mismos.

«Nuestro llamado, nuestra vocación, en todo lo que hacemos y debemos intentar hacer», escribió Madeleine L'Engle, «es contribuir al avance de la venida del reino, un reino que no podemos entender por completo».[5]

Nos comportamos amorosamente —tanto con los que son agradables como con los que no lo son— porque es por nuestro amor, dijo Jesús, que seremos conocidos. Y a medida que respondamos con esperanza y gracia a un mundo a menudo deprimido y desmoralizante, recordemos a aquellos que nos están observando que las cosas de arriba triunfan sobre *todas* las cosas aquí abajo. ¿Recuerdas la aserción del apóstol Pablo en Romanos 8:18? Él dijo: «De hecho, considero que en nada se comparan los sufrimientos actuales con la gloria que habrá de revelarse en nosotros». En otras palabras: *¡Algo esperanzador está por llegar y pronto!*

La creencia fundamental del creyente consagrado es que el cielo, aunque todavía no está aquí completamente, ya lo está, por lo que no estiramos la verdad cuando decimos que elegimos el cielo cada vez que compartimos la esperanza. En cierto sentido, al igual que el ángel le dijo a Juan, es nuestra manera de susurrar: «Aquí, ven a echar un vistazo. ¡Te va a *encantar* la eternidad con Dios!»

Jesús reunió a sus discípulos en su ministerio terrenal y les dijo:

No se angustien. Confíen en Dios, y confíen también en mí. En el hogar de mi Padre hay muchas viviendas; si no fuera así, ya se lo habría dicho a ustedes. Voy a prepararles un lugar. Y, si me voy y se lo preparo, vendré para llevármelos conmigo. Así ustedes estarán donde yo esté. Ustedes ya conocen el camino para ir adonde yo voy (Juan 14:1-4).

Aquellos mismos discípulos verían a Jesús con absoluto asombro cuando en efecto ascendiera al Padre, instando a dos ángeles del Señor que repentinamente se materializaron para decir: «Galileos, ¿qué hacen aquí mirando al cielo? Este mismo Jesús, que ha sido llevado de entre ustedes al cielo, vendrá otra vez de la misma manera que lo han visto irse» (Hechos 1:11).

La esperanza del cielo es para ti. Es para mí. Es para *todos* los que estén siguiendo a Cristo.

La esperanza es la pasión que alimenta nuestras vidas

En un orfanato cristiano en Kentucky, el director le dijo a un pastor con lágrimas de alegría que el grupo de mantenimiento seguía quejándose de su incapacidad para mantener las ventanas limpias. «¿Quiere saber por qué no pueden mantener las ventanas limpias?», preguntó el director, ahogándose. «Es porque a todos nuestros niños se les enseñó que Jesús va a regresar, y no pueden dejar de levantarse de puntillas y presionar sus caras en las ventanas para ver si hoy es el día».

Esos niños sabían que cuando Jesús apareciera, todo se haría bien en su mundo. ¿No deseamos el mismo alivio?

Conozco a muchas personas que se enfocan en la educación; estudiantes y adultos que viven en busca de un conocimiento más profundo.

Conozco gente impulsada por su pasión por el trabajo. Se despiertan temprano, producen poderosamente y miden su autoestima en base al éxito en sus carreras.

Hay gente que todo lo que les interesa es estar en buenas condiciones físicas, de modo que puedan alzar pesas o correr a cierta velocidad. Hay personas que viven para sus familias, que le dan más importancia al tiempo que pasan con el cónyuge y con los niños que a otra cosa. Y hay las que dedican grandes cantidades de energía a los viajes, a cocinar, a ganar dinero o a correr riesgos cada vez más peligrosos.

Y aun cuando cualquiera de esos objetivos puede servir a un propósito noble en la vida que sigue a Cristo, hay una pasión por encima de todas los demás que debe llamarnos, dirigirnos y hacer que nuestros corazones se eleven. Esa pasión, en una palabra, es *esperanza;* esperanza por el regreso de nuestro Salvador. En medio de tiempos enormemente difíciles, los cristianos del primer siglo se alentaban unos a otros con la palabra *maranatha,* «el Señor viene». El Señor viene ciertamente. Era un recordatorio de que, pese a las circunstancias, los que aman a Jesús pueden vivir de puntillas, esperando ansiosamente su regreso triunfal. *¡Maranatha!* ¡El Señor viene! ¡Mira hacia arriba! Fija tus ojos en el cielo.

«El oxígeno es a los pulmones», dijo una vez el teólogo protestante Emil Brunner, «lo que la esperanza a la vida humana».[6] Ni tú ni yo podemos respirar sin oxígeno como tampoco podemos vivir sin esperanza permanente. Si tienes necesidad de esperanza, actúa hoy mismo. Humíllate. Abre tu corazón a

Cristo. Profesa tu fe. Y abraza con certeza la vida eterna con Dios. Estos pasos confirman la ESPERANZA, algo que todo el mundo necesita. Consulta las anotaciones que están a continuación para que obtengas más ayuda.

Dada esta gran esperanza que tenemos en Jesús, no debería sorprendernos que en el último libro del canon de la Escritura, en la escena final que estamos invitados a ver, el ángel que habla al apóstol Juan eligiera centrarse en el cielo que viene y la tierra venidera. Todo ministerio angélico nos señala a Jesús, ¿recuerdas? Juan rogó: «¡Ven, Señor Jesús!»[7] Ven.

SI NECESITAS ESPERANZA...

HUMÍLLATE

Reconoce tu necesidad de salvación. Aléjate del pecado y del yo. Arrepiéntete. Di lo siguiente: «Señor, ten misericordia de mí, pecador». Santiago 4:6 dice: «Dios se opone a los orgullosos, pero da gracia a los humildes».

ABRE TU CORAZÓN Y RECIBE A CRISTO

Jesús dice en Apocalipsis 3:20: «Mira que estoy a la puerta y llamo. Si alguno oye mi voz y abre la puerta, entraré, y cenaré con él, y él conmigo». Invita a Jesús a entrar en tu vida y entrará. Él será tu Señor, tu Salvador, tu Maestro y tu Amigo. Juan 1:12 dice: «Mas a cuantos lo recibieron, a los que creen en su nombre, les dio el derecho de ser hijos de Dios». Cree en Jesús y recíbelo ahora mismo.

PROFESA TU FE CON FRANQUEZA Y PÚBLICAMENTE

Jesús dijo: «A cualquiera que me reconozca delante de los demás, yo también lo reconoceré delante de mi Padre que está en el cielo» (Mateo 10:32). Nunca te avergüences de Jesús. Invoca su nombre y confiésalo como tu Señor. Romanos 10:9-10 dice: «Que, si confiesas con tu boca que Jesús es el Señor y crees en tu corazón que Dios lo levantó de entre los muertos, serás salvo. Porque con el corazón se cree para ser justificado, pero con la boca se confiesa para ser salvo».

ABRAZA LA VIDA

Y vive en la certeza de que cuando mueras, o Cristo regrese, estarás con Él para siempre en el cielo. La vida en Cristo es plena y para siempre. Así que di con el apóstol Pablo: «Porque para mí el vivir es Cristo y el morir es ganancia» (Filipenses 1:21).

Agradecimientos

Estoy muy agradecido por cada persona que contribuyó a este libro. En primer lugar, es un gran privilegio ser pastor de Prestonwood Baptist Church y de su admirable gente que ora, aporta, sirve y testifica todos los días. El eficaz ministerio del personal de Prestonwood, me permite predicar y enseñar, al tiempo que me da la oportunidad para estudiar, escribir y prepararme. Mi ayudante, Geri Brady, tiene un corazón de sierva que refleja el espíritu de la familia de nuestra congregación. ¡Gracias, Prestonwood!

Le debo mucho al equipo de personas que promueven el mensaje de Cristo a través de los Ministerios de PowerPoint. Nuestro creciente ministerio de medios me permite proclamar la Palabra de Dios en todo el mundo.

El tema de los ángeles ha sido una experiencia desafiante; sin embargo, Ashley Wiersma me ayudó con la investigación, la escritura y la persistencia para culminar este proyecto. Gracias, Ashley, por tu dedicación a comunicar la Palabra de Dios.

ÁNGELES

Agradezco a Robert Wolgemuth y a Bobbie (ahora en el cielo entre los ángeles) por inspirarme a escribir esta obra. Nuestra conversación en Orlando me motivó a hacerlo.

Un agradecimiento especial a mi amigo Andy McGuire.

Tengo la bendición de contar con una familia maravillosa que me hace la vida alegre y extraordinaria. Gracias por el privilegio de ser su padre y su abuelo.

Mi esposa, Deb Graham, es un ángel para mí. Su amor por Cristo, su iglesia y nuestra familia llena mi vida de una gran felicidad. Compartir mi existencia con ella estos cuarenta y cinco años de matrimonio y ministerio es un privilegio que supera toda descripción.

Sobre todo, oro para que Jesús, Señor de los ángeles, sea glorificado y magnificado mientras exaltamos su nombre para siempre.

Acerca del autor

Jack Graham es pastor de Prestonwood Baptist Church, una de las congregaciones más grandes y dinámicas de la nación.

Cuando el doctor Graham llegó a Prestonwood en 1989, la congregación de 8.000 miembros respondió con entusiasmo a su mensaje directo y su poderoso estilo de predicación. Así que desafió a la familia de Prestonwood a alcanzar una visión más grande y, en 1999, se mudaron al norte de Dallas, a un auditorio nuevo con 7.500 asientos al oeste de Plano.

Con una pujante congregación superior a 31.000 miembros, Prestonwood continúa creciendo con siete servicios de adoración los fines de semana, cuatro servicios a mitad de semana, casi trescientas clases de Biblia para todas las edades y múltiples ministerios de evangelización a la comunidad que alcanzan a miles. En el 2006, la iglesia inauguró una segunda ubicación, el Campus Norte, en una zona floreciente a treinta kilómetros al norte de Plano. Y en el 2011 Prestonwood volvió

ÁNGELES

a sus raíces, comenzando su tercera congregación, el recinto de Dallas, a unos tres kilómetros de su sitio original.

El doctor Graham ha fungido dos períodos como presidente de la Convención Bautista del Sur (SBC), la denominación protestante más grande de los Estados Unidos, con dieciséis millones de miembros; y como presidente de la Conferencia de Pastores de la SBC.

Es un destacado autor de numerosos libros, entre ellos: *Unseen, You Can Make a Difference, Lessons from the Heart, A Hope and a Future, Life According to Jesus, Are You Fit for Life? Powering Up* y *Courageous Parenting*, que escribió con su esposa, Deb. La apasionada enseñanza bíblica del doctor Graham también se ve y se escucha en todo el país y en todo el mundo mediante los Ministerios de PowerPoint. A través de emisiones, sermones en línea y mensajes de correo electrónico, expone temas relevantes y cotidianos que prevalecen en nuestra cultura y que llegan a las fibras más profundas del público.

El doctor Graham fue ordenado ministro del evangelio en 1970 y tiene una maestría en divinidad —con honores— y un doctorado en ministerio eclesiástico y proclamación del Seminario Teológico Bautista del Suroeste.

Notas

Nota del autor: Huevos, pan tostado y un sí de Dios
1. Salmos 91:1, 11, resumen del autor.

Capítulo 1: Perdón cuando has pecado contra Dios
1. James MacDonald, *Downpour* (Nashville: Broadman y Holman, 2006).
2. Éxodo 3:5, resumen del autor.
3. Robert Hollander y Jean Hollander, *Dante's Paradiso* (Nueva York: Random House, 2007).
4. Ibid, 815.
5. Billy Graham, Ángeles: *Angels: God's Secret Agents* (Nashville: Thomas Nelson, 1975).

Capítulo 2: Perspectiva cuando no puedes ver derecho
1. Ver Génesis 28 para el magnífico relato completo.
2. Ryan Wyatt, *School of the Supernatural: Live the Supernatural Life That God Created You to Live* (Shippensburg, PA: Destiny Image, 2011).
3. Larry Libby, *Somewhere Angels* (Sisters, OR: Questar Publishers, 1994).

Capítulo 3: Provisión cuando tienes necesidad
1. El énfasis es mío.
2. David Jeremiah, Angels: *Who They Are and How They Help… What the Bible Reveals* (Colorado Springs: Multnomah, 2006).

Capítulo 5: Consuelo cuando tienes miedo
1. C.S. Lewis, *Letters to Malcolm: Chie y on Prayer* (Orlando: Harcourt, 1992).

ÁNGELES

2. Pamela Collo, «The Witness», *Texas Monthly*, septiembre de 2014, 111.
3. Ibid., 112.
4. John Ortberg, «Ruthlessly Eliminate Hurry», *Leadership Journal*, julio de 2002,
Www.christianitytoday.com/le/2002/july-online-only/cln20704.html.

Capítulo 6: Valor cuando estás en peligro
1. Dan Harris, «Most Americans Believe in Guardian Angels», ABC News, 18 de septiembre de 2008, http://abcnews.go.com/US/story?id=5833399& page=1.
2. Ver Daniel 7:10; Salmos 68:17; Hebreos 12:22; y Apocalipsis 5:11.
3. La historia completa se encuentra en 2 Reyes 6, y es buena. ¡Feliz lectura!
4. Billy Graham, *Angels: God's Secret Agents* (Nashville: Thomas Nelson, 1995).

Capítulo 8: Refugio en medio de la tormenta
1. Lucas 22:42, resumen del autor.

Capítulo 10: Fidelidad cuando has sido herido
1. Donald Gray Barnhouse, *The Invisible War* (Grand Rapids, MI: Zondervan, 1965).
2. David Jeremiah, *Angels*, 18.
3. J. I. Packer, *Keep in Step With the Spirit: Finding Fullness in Our Walk With God* (Grand Rapids, MI: Baker Books, 1984), 91.
4. Levi cuenta el relato de esta historia en su libro *Through the Eyes of a Lion: Facing Impossible Pain, Finding Incredible Power* (Nashville: Thomas Nelson, 2015).

Capítulo 11: Victoria cuando eres tentado
1. Jayne Clark, «Survey Says Most Drivers Led Astray by GPS,» *USA Today*, 18 de junio de 2013, www.usatoday.com/story/dispatches/2013/06/18/michelin-survey-gps-misdirection/2434843.
2. «Pasante causa su propia muerte al dejar la puerta de la jaula abierta al animal, por descuido, en un santuario de felinos», *Daily Mail*, 7 de marzo de 2013, www.daily mail.co.uk/news/article-2315451/Dianna-Hanson-Lion-sanctuary-intern-accidentally-caused-death-leaving-animals-door-open.html.
3. Michael Hodgin, *1001 Humorous Illustrations for Public Speaking* (Grand Rapids, MI: Zondervan, 1994), 33.
4. Paul Tan, *Encyclopedia of 15,000 Illustrations* (Dallas: Bible Comm., Inc., 1998).

Capítulo 12: Compañerismo cuando estás solo
1. Billy Graham, Lubbock, Transcripción de Cruzada en Texas, 1975, http://mission-theology.org/ministry/billy_graham.

Notas

2. Laura Hillenbrand, *Unbroken: A World War II Story of Survival, Resilience, and Redemption* (New York: Random House, 2014), 174.
3. Brennan Manning, *The Ragamuffin Gospel: Good News for the Bedraggled, Beat-Up, and Burnt Out* (Colorado Springs: Multnomah, 2000).

Capítulo 14: Seguridad cuando estás muriendo

1. Daniel Goleman, «Investigación afirma que las parejas que tienen mucho tiempo de casados se parecen», *The New York Times*, 11 de agosto de 1987, www.nytimes.com/1987/08/11/science/long-married-couples-do-look-alike-study-finds.html.
2. Tomás de Aquino, Aquinas's Shorter Summa (Manchester, NH: Sophia Institute Press, 2002).
3. James Nestor, *Deep: Freediving, Renegade Science, and What the Ocean Tells Us About Ourselves* (Nueva York: Houghton Mifflin Harcourt, 2014).
4. LeBron James (como le fue dicho a Lee Jenkins), «LeBron: Regreso a Cleveland», *Sports Illustrated*, 11 de julio de 2014, www.si.com/nba/2014/07/11/lebron-james-cleveland-cavaliers.
5. Jefferson Hascall, «Oh, Come, Angel Band», 1860, dominio público.

Capítulo 15: Inspiración cuando tienes poca esperanza

1. Jill Radsken, «Marathon Bombing Survivor James Costello Ties the Knot With Nurse», *The Boston Globe*, 27 de agosto de 2014, www.bostonglobe.com/lifestyle/names/ 2014/08/26/marathon-bombing-survivor-james-costello-ties-knot-with-nurse-krista-agostino/MXQqrawuhuoiD6XpwpkLZK/story.html; Neil Ungerleider, «Víctima del Maratón de Boston contrató a la enfermera de Spaulding», WCVB, 16 de diciembre de 2013, www.wcvb.com/news/local/metro/boston-marathon-victim-engaged-to-spaulding-nurse/ 23503832.
2. Peter Kreeft, *Angels (and Demons): What Do We Really Know About Them?* (San Francisco: Ignatius Press, 1995), 65.
3. R. A. Torrey, *The Return of the Lord Jesus* (New Kensington, PA: Whitaker House, 1997), cap. 1.
4. Ibid.
5. Madeleine L'Engle, Carole F. Chase, comp., *Madeleine L'Engle Herself: Reflections on a Writing Life* (Colorado Springs: WaterBrook, 2001).
6. Emil Brunner, *Eternal Hope*, trad. Harold Knight (Filadelfia: Westminster Press, 1954).
7. Apocalipsis 22:20.

LA MAYORÍA DE LAS COSAS QUE NOS SUCEDEN EN LA VIDA NOS OCURREN POR LA FORMA EN QUE PENSAMOS.

WILLIAM BACKUS
MARIE CHAPIAN

DÍGASE LA VERDAD

Al remplazar sus creencias erróneas con la verdad, se librará para siempre de la depresión, de la ansiedad, del miedo, del enojo y de otros serios problemas, y obtendrá lo que tanto anhela: la felicidad.

Pensar equivocadamente produce emociones equivocadas, reacciones equivocadas y comportamiento equivocado; en otras palabras, **INFELICIDAD**.

Es por eso que cuando aprendemos a luchar con las creencias erróneas que yacen en la raíz de la mayor parte de nuestros problemas diarios, hemos dado el primer paso en el camino que conduce a la verdadera **FELICIDAD** y al contentamiento **REAL**.

DÍGASE LA VERDAD enseña la manera correcta de pensar. La "terapia para tratar las creencias erróneas" cambiará totalmente su vida, ya que involucra introducir la verdad en su sistema de valores, filosofías, demandas, expectativas, supuestos morales y emocionales, así como también en lo que se dice a sí mismo o su "monólogo interno".

Un libro práctico, optimista y de fácil comprensión. Le mostrará cómo identificar sus creencias erróneas, cómo deshacerse de ellas y reemplazarlas con la verdad.

William Backus, PhD, fundó el Centro de servicios psicológicos cristianos. Antes de su muerte en 2005, fue un psicólogo clínico con licencia y un clérigo luterano ordenado. Escribió muchos libros.

Otro libro de: **N** www.editorialniveluno.com *Para vivir la Palabra*

¿Por qué creemos lo que creemos?

Lee Strobel y Mark Mittelberg, reconocidos apologistas, presentan 180 verdades inspiradas y claras, que te brindarán esa infusión diaria de verdad espiritual al tiempo de profundizar tu conocimiento de la evidencia en favor del cristianismo.

Cada verdad se basa en hechos y datos científicos, históricos o bíblicos que fortalecerán tu confianza, certeza y seguridad en Cristo. Son verdades que nos inspiran, alientan y ayudan para «responder a todo el que les pida razón de la esperanza que hay en ustedes» (1 Pedro 3:15). Y los consejos prácticos te ayudarán a llevar esa confianza y conocimiento a la vida diaria.

Podrás entender más profundamente por qué crees lo que crees y mientras tanto, encontrarás que crece día trais día tu amor por la verdad y tu pasión por comunicarla.

Lee Strobel es licenciado en periodismo de la Universidad de Missouri y una maestría ede leyes de la Universidad Yale. Cuatro de sus libros ganarón el premio Medalla de oro y uno fue el ganador del premio libro cristiano del año 2005. Lee sirvió como pastor de enseñanza en las Iglesias Willow Creek y Saddleback. Él y su esposa, Leslie, residen en Colorado.

Mark Mittelberbg es autor, conferencista y estratega. Es coautor con Bill Hybels de Conviértase en un cristiano contagioso y con Lee Strobel de Aventura Inesperada. Junto a Bill Hybels y Lee Strobel es coautor del programa de estudio Conviértase en un cristiano contagioso. Anteriormente sirvió como líder de evangelismo para Willow Creek Association.

«La fiel **predicación de la Palabra**
es el **elemento más importante**
del ministerio pastoral»
—John MacArthur

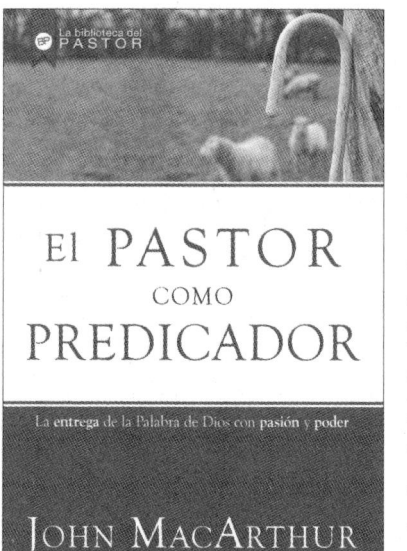

Las Escrituras contienen una
declaración simple y directa que
establece la más alta prioridad para
cada pastor: «Prediquen la Palabra».
Esta enorme responsabilidad merece
el mejor esfuerzo de cada pastor.
En *El pastor como predicador*, una
compilación de potentes mensajes
de la conferencia anual de pastores
de la Iglesia Grace Community,
podrá repasar las bases que necesita
conocer todo ministro, como…

- **Enfoque y propósito de la predicación bíblica**
- **El carácter del predicador fiel**
- **Claves a la predicación efectiva**
- **Cómo predicar en el poder del Espíritu**

El suyo es un privilegio santo y singular, con el increíble potencial de
transformar vidas. Este libro le dará lo que necesita para cumplir con
excelencia ese llamado.

John MacArthur es pastor y maestro de
Grace Community Church en Sun Valley. También es
presidente de The Master's College and Seminary. Es un
prolífico autor con muchos éxitos de ventas: *El pastor
como predicador, El pastor en la cultura actual, El pastor
como líder, La segunda venida, Nuestro extraordinario
Dios, Libertad y poder del perdón*, etc.

Otro libro de: **N‖⫼** www.editorialniveluno.com *Para vivir la Palabra*

Compilado y editado por James L. Snyder

Mi búsqueda diaria

DEVOCIONALES PARA CADA DÍA

PRÓLOGO POR **RAVI ZACHARIAS**

SABIDURÍA E INSPIRACIÓN DIARIA EN TU BÚSQUEDA DE DIOS

Uno de los autores más inspirados e inspiradores del siglo 20 es hoy una potente voz profética para los cristianos del siglo 21. Gracias al tesoro de enseñanzas inéditas de A. W. Tozer, autor del clásico espiritual *En busca de Dios* podrás pasar un año entero fortaleciendo tu andar diario con Dios. Cada devoción incluye un pasaje de las Escrituras, una breve lectura escrita por Tozer, parte de un himno, y una oración.

Durante 365 días deja que este gran hombre de la fe le presente a tu corazón y tu mente el desafío a adorar con más sinceridad, mayor fe, oración más profunda y más pasión por Cristo.

Mi búsqueda diaria es una invitación a pasar unos minutos cada día en presencia de Jesús, guiados por uno de Sus más fieles siervos. Deja que A. W. Tozer te guíe en tu búsqueda de Dios.

A. W. Tozer fue ministro en la Alianza Cristiana y Misionera de 1919 a 1963, y fue editor de la revista *Alliance Life* de 1950 a 1963. Durante su vida, Tozer escribió numerosos libros, siendo el más famoso de ellos *La búsqueda de Dios*.

Otro libro de: N‖‖ www.editorialniveluno.com *Para vivir la Palabra*

¿Se salvará la Iglesia de la Tribulación?
¿Se está cumpliendo hoy la profecía?
El anticristo ¿está vivo en nuestros días?

Por primera vez, ahora hay una Biblia que reúne una biblioteca de sabiduría y estudio de parte de más de 48 reconocidos expertos en profecía bíblica, dirigidos por el Dr. Tim LaHaye. El Dr. LaHaye ha contado con los significativos aportes de los siguientes académicos para esta obra, culminación de toda una vida:

- John Askerberg
- Tony Evans
- Chuck Smith
- David Jeremiah
- Zola Levitt
- Erwin Luzer
- Josh McDowell
- Adrian Rodgers

Y muchos más

Juntos, todos ellos han creado las Biblias de estudio indispensables para pastores, maestros y estudiantes, y todo el que tenga interés por descubrir los hechos y datos reales tras la ficción, sobre lo que la Biblia nos dice en cuanto a la profecía de los últimos tiempos. La Biblia de Estudio de la Profecía, de Tim LaHaye, es una verdadera Biblia de estudio porque es integral, completa. Contiene:

- Cuadros a todo color
- Cronología gráfica de eventos bíblicos
- Referencias en columna central
- Gráficos panorámicos a todo color
- Línea de tiempo de sucesos bíblicos
- Introducciones a los libros

- Más de 70 artículos relacionados con la profecía bíblica
- 84 Cuadros y tablas
- Concordancia de la Biblia
- Notas explicativas de pasajes clave relacionados con la profecía bíblica
- Letras de Jesús en rojo

Tim LaHaye es un autor bestseller en la lista del New York Times con más de setenta libros de no ficción, muchos de ellos acerca de profecías y el fin de los tiempos, y es el coautor de la serie «Dejados atrás» con ventas record. Se considera que LaHaye es uno de las autoridades más reconocidas a nivel mundial acerca de las profecías bíblicas del fin de los tiempos.